多《た》宝《ほう》抄《しょう》

文庫改訂版

池田大作

第三《だいさん》の人生《じんせい》を謳歌《おうか》する友《とも》に贈《おく》る

文庫版《ぶんこばん》の発刊《はっかん》に寄《よ》せて

わが愛《あい》する地元《じもと》は〝桜《さくら》の町《まち》〟と謳《うた》われるほど、皆《みな》で慈《いつく》しみ育《そだ》ててきた、たくさんの桜《さくら》の木《き》に彩《いろど》られています。

その中《なか》に「青年桜《せいねんざくら》」と呼《よ》ばれる大樹《たいじゅ》があります。名前《なまえ》は青年《せいねん》ですが、一番年長《いちばんねんちょう》で樹齢《じゅれい》は百年《ねん》に及《およ》ぶでしょうか。風雪《ふうせつ》を越《こ》えて随分《ずいぶん》と年老《としお》いましたけれども、〝桜守《さくらもり》〟の方々《かたがた》に支《ささ》えられつつ、来《く》る春《はる》ごとに、仰《あお》ぎ見《み》る人々《ひとびと》へ「共《とも》に生涯青春《しょうがいせいしゅん》で！」と語《かた》り掛《か》けるように万朶《ばんだ》の花《はな》を咲《さ》かせてくれます。

その爛漫《らんまん》たる英姿《えいし》は、素晴《すば》らしい人生《じんせい》の総仕上《そうしあ》げの年輪《ねんりん》を刻《きざ》みゆく友人《ゆうじん》たちと重《かさ》なります。私《わたし》が「多宝《たほう》の友《とも》」と敬愛《けいあい》してやまない仲間《なかま》です。ですから、この「青年桜《せいねんざくら》」にも、私《わたし》はもう一《ひと》つ「多宝桜《たほうざくら》」という名前《なまえ》を贈《おく》って、ねぎらい讃《たた》えたいと思《おも》っているのです。

二〇二〇年《ねん》、人類全体《じんるいぜんたい》が「コロナ禍《か》」という、いまだかつてない試練《しれん》に直面《ちょくめん》しました。とりわけ高齢者《こうれいしゃ》が重症化《じゅうしょうか》しやすいということで、私《わたし》も妻《つま》も、日本《にほん》と世界《せかい》の懐《なつ》かしい多宝《たほう》の友《とも》の顔《かお》を思《おも》い浮《う》かべながら、無事安穏《ぶじあんのん》であれ！　健康長寿《けんこうちょうじゅ》であれ！　と、ひたぶるに祈《いの》り続《つづ》けています。

そうした日々《ひび》にあって、元気《げんき》な友《とも》の様子《ようす》を伺《うかが》うことほど、うれしく安堵《あんど》することはありません。

六十年前《ねんまえ》、私《わたし》がアメリカを初訪問《はつほうもん》して以来《いらい》、変《か》わらずに苦楽《くらく》を分《わ》かち合《あ》ってきた尊《とうと》き母《はは》たちからも、「負《ま》けじ魂《だましい》」光《ひか》る便《たよ》りをいただいています。

世界《せかい》で最《もっと》も感染《かんせん》が広《ひろ》がっているなかでも――

「かえって、ふだんは、なかなか会《あ》えない友人《ゆうじん》とも、オンラインで対話《たいわ》できるようになりました。近隣《きんりん》の方《かた》とも支《ささ》え合《あ》うおつきあいが深《ふか》まっています」

「遠《とお》く離《はな》れている仲間《なかま》とも連携《れんけい》を取《と》り合《あ》い、励《はげ》ましと学《まな》びのネットワークが強《つよ》まりました」

「若《わか》い人《ひと》たちから相談《そうだん》を受《う》ける機会《きかい》も増《ふ》えて、むしろ、以前《いぜん》より忙《いそが》しくなりました」等々《とうとう》、命《いのち》は弾《はず》んでいます。

世界《せかい》のいずこでも、わが「多宝《たほう》の友《とも》」たちは、無名《むめい》にして偉《い》大《だい》な、平凡《へいぼん》でありながら、かけがえのない「宝樹《ほうじゅ》（宝《たから》の木《き》）」の存在《そんざい》として屹立《きつりつ》しています。

苦難《くなん》の冬《ふゆ》を耐《た》えて歓喜《かんき》の春《はる》を告《つ》げる花々《はなばな》を咲《さ》かせるとともに、豊《ゆた》かな安《やす》らぎの枝葉《えだは》に皆《みな》を憩《いこ》わせ、知恵《ちえ》という宝《たから》の果実《かじつ》をもたらしてくれるのです。

私《わたし》は、アフリカの人道《じんどう》の闘士《とうし》であったネルソン・マンデラ翁《おう》との語《かた》らいを思《おも》い起《お》こします。二十七年半《ねんはん》の獄中闘争《ごくちゅうとうそう》を勝《か》ち越《こ》え、新生《しんせい》・南《みなみ》アフリカ共和国《きょうわこく》の大統領《だいとうりょう》として分断《ぶんだん》された祖国《そこく》の融和《ゆうわ》に尽《つ》くし、アフリカと世界《せかい》の発展《はってん》のために闘《たたか》い抜《ぬ》かれました。

二度《ど》にわたる、マンデラ翁《おう》と私《わたし》の対話《たいわ》の大《おお》きなテーマは教育《きょういく》であり、後継《こうけい》の育成《いくせい》でありました。

——一本《ぽん》の高《たか》い樹《き》だけではジャングルはできない。他《ほか》の多《おお》くの木々《きぎ》が同《おな》じような高《たか》さまで伸《の》びて、大《おお》きな森《もり》の茂《しげ》みができあがる、と。

マンデラ翁《おう》との交友《こうゆう》は最晩年《さいばんねん》まで続《つづ》きました。東日本大震災《ひがしにほんだいしんさい》にも心《こころ》を痛《いた》め、復興《ふっこう》を祈《いの》られるなかで、私《わたし》にも一詩《いっし》を贈《おく》ってくださいました。翁《おう》が九十三歳《さい》の時《とき》です。

「お互《たが》い歳《とし》を重《かさ》ねましたが、それでも、私《わたし》たちは共《とも》に世界《せかい》と一体《いったい》です」と。

私《わたし》は尽《つ》きせぬ感謝《かんしゃ》の心《こころ》で、「天高《てんたか》く聳《そび》える大樹《たいじゅ》にとって、世《せ》界《かい》を蘇《よみがえ》らせゆく若《わか》き森《もり》が育《そだ》ち、広《ひろ》がりゆく姿《すがた》ほど大《おお》いなる喜《よろこ》びはありません」と返詩《へんし》しました。

この『多宝抄《たほうしょう》』は、マンデラ翁《おう》が逝去《せいきょ》された二〇一三年《ねん》に発《はっ》刊《かん》された一書《いっしょ》です。

今回《こんかい》、文庫化《ぶんこか》のお話《はなし》をいただき、この機会《きかい》に改《あらた》めて推敲《すいこう》を重《かさ》ねるとともに、マンデラ翁《おう》をはじめ忘《わす》れ得《え》ぬ交友《こうゆう》を結《むす》んだ世界《せかい》の識者《しきしゃ》の方々《かたがた》への追悼《ついとう》も込《こ》めて、これまで発表《はっぴょう》してきた随筆《ずいひつ》や対談《たいだん》からの抜粋《ばっすい》、また詩《し》を加《くわ》えさせていただきました。

草木《くさき》たちは、その一生《いっしょう》を通《とお》して、自《みずか》らを育《はぐく》んでくれた大地《だいち》に生命《せいめい》の滋養《じよう》を戻《もど》し、未来《みらい》への繁栄《はんえい》の種《たね》を残《のこ》して、恩返《おんがえ》しを果《は》たしていきます。

本書《ほんしょ》を手《て》にされる方々《かたがた》とご一緒《いっしょ》に、私《わたし》もまた命《いのち》の限《かぎ》り、青年《せいねん》たちの心《こころ》の大地《だいち》に、希望《きぼう》の種《たね》、勇気《ゆうき》の種《たね》、幸福《こうふく》の種《たね》を蒔《ま》き続《つづ》けていきたいと思《おも》っております。そして、その種《たね》たちが、芽《め》を出《だ》し、葉《は》を茂《しげ》らせ、平和《へいわ》の大森林《だいしんりん》となって地球社会《ちきゅうしゃかい》を包《つつ》みゆく明日《あした》を祈《いの》り抜《ぬ》いていきたいのです。

それが、戦争《せんそう》の悲惨《ひさん》と残酷《ざんこく》を知《し》る世代《せだい》としての使命《しめい》であり、責任《せきにん》であると思《おも》うからです。

結《むす》びに、文庫版《ぶんこばん》の発刊《はっかん》にあたり、多大《ただい》なご尽力《じんりょく》を賜《たまわ》りました光文社《こうぶんしゃ》の関係者《かんけいしゃ》の方々《かたがた》に、厚《あつ》く感謝申《かんしゃもう》し上《あ》げます。

池田 大作

目次

文庫版《ぶんこばん》の発刊《はっかん》に寄《よ》せて――4

昇《のぼ》りゆく旭日《きょくじつ》　第三《だいさん》の人生《じんせい》へ――19

総仕上《そうしあ》げへのスタート〔箴言《しんげん》〕――21

大目的《だいもくてき》に生《い》きる――22

一歩踏《いっぽふ》み出《だ》すこと――26

大《おお》きな声《こえ》――32
充実《じゅうじつ》した人生《じんせい》――36
かあさま――39
命《いのち》を支《ささ》える――44
人生《じんせい》のカンバス――48
幸福《こうふく》の鍛冶屋《かじや》――53
常《つね》に「青年《せいねん》の心《こころ》」で――56
問《と》い続《つづ》けること――61
悪魔《あくま》のささやき――68

大空《おおぞら》にはばたく

古希《こき》の舞《まい》――73
太陽《たいよう》のごとく〔箴言《しんげん》〕――75
希望《きぼう》の力《ちから》――76
手《て》を赤《あか》くして綴《つづ》る文章《ぶんしょう》――80
七十四歳《さい》の言葉《ことば》――89
働《はたら》き盛《ざか》り――94
「もったいない」の心《こころ》――97
原点《げんてん》への旅《たび》――101
三十七星霜《せいそう》――107
花《はな》のごとく――負《ま》けない生命《せいめい》――114

美《うつく》しい夕焼《ゆうや》け――119
笑顔《えがお》〔箴言《しんげん》〕――122

中天《ちゅうてん》に立《た》つ

喜寿《きじゅ》の心《こころ》――125
健康長寿《けんこうちょうじゅ》のエネルギー――126
最初《さいしょ》の誕生日《たんじょうび》――129
健康《けんこう》の四原則《よんげんそく》〔箴言《しんげん》〕――132
さあ、仕事《しごと》を続《つづ》けよう！――134
素直《すなお》な心《こころ》――145
生命《いのち》の火《ひ》〔箴言《しんげん》〕――152

美《うつく》しき銀世界《ぎんせかい》　米寿《べいじゅ》に贈《おく》る――155

ホッと明《あか》るくなる方《ほう》へ〔箴言《しんげん》〕――157
自然《しぜん》な優《やさ》しさ――158
情《なさ》けは人《ひと》のためならず――165
再生《さいせい》の充電期間《じゅうでんきかん》――168
私《わたし》の英雄《えいゆう》は祖母《そぼ》――173
新《あら》たな「生《せい》」への出発《しゅっぱつ》――178
牛飼《うしか》いの男《おとこ》の恐怖《きょうふ》――183

黄金《おうごん》に輝《かがや》く

白寿《はくじゅ》の友《とも》へ――187
荘厳《そうごん》なる人生《じんせい》〔箴言《しんげん》〕――189
蝸牛《かたつむり》の歩《あゆ》み――190
貧女《ひんにょ》の一灯《いっとう》――196
希望《きぼう》は人生《じんせい》の宝《たから》なり――203

凡例

一、本書は『多宝抄』（二〇一三年、光文社刊）を文庫版に改訂したものです。

一、本書は、主に次の著作を編集、再構成しました。
『新たなる世紀を拓く』『健康の智慧』『生活の花束』『「第三の人生」を語る』『つれづれ随想』『母の曲』『私の世界交友録』『私の人間学（上）』『ハッピーロード』『忘れ得ぬ旅 太陽の心で 第2巻』『未来への選択』

一、肩書き、名称等は当時のままにしました。

一、引用・参照文献は「※」で示しました。

一、引用のさい、読みやすくするために、新字体、現代かなづかい等に改めたものもあります。

一、編集部による注は（ ）内の＝の後に記しました。

昇《のぼ》りゆく旭日《きょくじつ》

第三《だいさん》の人生《じんせい》へ

総仕上《そうしあ》げへのスタート

「人生《じんせい》は六十から」といいます。
仏法《ぶっぽう》では百二十歳《さい》まで生《い》きられると
説《と》きますが、その意味《いみ》では、
六十歳《さい》は折《お》り返《かえ》し点《てん》であり、
人生《じんせい》の総仕上《そうしあ》げへのスタートといえます。

大目的《だいもくてき》に生《い》きる

思《おも》い出《だ》すのは、平和《へいわ》と軍縮《ぐんしゅく》をめざす「パグウォッシュ会議《かいぎ》」の創設者《そうせつしゃ》の一人《ひとり》であったロートブラット博士《はかせ》です。世界的物理《せかいてきぶつり》学者《がくしゃ》で核兵器廃絶《かくへいきはいぜつ》を訴《うった》える「ラッセル＝アインシュタイン宣《せん》言《げん》」（一九五五年《ねん》）の署名者《しょめいしゃ》でもありました。

宣言《せんげん》には「私《わたし》たちは、人類《じんるい》として、人類《じんるい》にむかって訴《うった》える――あなたがたの人間性《にんげんせい》を心《こころ》にとどめ、そしてその他のことを忘《わす》れよ」※と謳《うた》われています。博士《はかせ》はその崇高《すうこう》な精神《せいしん》を掲《かか》げて、九十歳《さい》を超《こ》えても、平和《へいわ》という大目的《だいもくてき》のために生《い》き生《い》きと奔走《ほんそう》

著者とジョセフ・ロートブラット（右）（2000年　沖縄）　写真:聖教新聞社

されていたのです。「私《わたし》は『疲《つか》れる』ことを自分《じぶん》に許《ゆる》さないんです」と。背筋《せすじ》もピンと伸《の》び、張《は》りのある声《こえ》でした。

博士《はかせ》は、「パグウォッシュ会議《かいぎ》」のメンバーのなかで最年長《さいねんちょう》でしたが、未来《みらい》のために、経歴《けいれき》や年齢《ねんれい》の違《ちが》いもまったく関係《かんけい》なく、若《わか》い世代《せだい》の科学者《かがくしゃ》や大学生《だいがくせい》たちとも積極的《せっきょくてき》に交流《こうりゅう》を深《ふか》め、「若《わか》い人《ひと》たちとは、きわめて良《よ》い関係《かんけい》を続《つづ》けています」とも私《わたし》に語《かた》っていました。

最後《さいご》の最後《さいご》まで、未来《みらい》のために青年《せいねん》たちを大切《たいせつ》に育《はぐく》まれ、六十歳《さい》も年下《としした》の若《わか》いアシスタントのことを、一緒《いっしょ》に励《はげ》まし合《あ》って仕事《しごと》をしている〝同僚《どうりょう》〟とまで言《い》われていたのです。

二〇〇一年《ねん》九月《がつ》十一日《にち》の「アメリカ同時多発《どうじたはつ》テロ」の直後《ちょくご》には、ロンドンからアメリカ創価大学《そうかだいがく》に駆《か》けつけて、学生《がくせい》たちに講演《こうえん》し、激励《げきれい》してくださいました。

命《いのち》をかけても悔《く》いがない、偉大《いだい》な目的《もくてき》を持《も》つことは、若々《わかわか》しく生《い》き抜《ぬ》く力《ちから》になるのでしょう。

※久野収編『核の傘に覆われた世界』所収、平凡社

一歩《いっぽ》踏《ふ》み出《だ》すこと

正義《せいぎ》の信念《しんねん》を貫《つらぬ》いてきた笑顔《えがお》は気高《けだか》い。友《とも》の幸福《こうふく》に尽《つ》くしてきた笑顔《えがお》は温《あたた》かい。そして、未来《みらい》へ一歩《いっぽ》を踏《ふ》み出《だ》しゆく笑顔《えがお》は晴《は》れやかです。

「アメリカの公民権運動《こうみんけんうんどう》の母《はは》」ローザ・パークスさんを乙女《おとめ》たちの歌声《うたごえ》でお迎《むか》えし、妻《つま》が用意《ようい》したケーキで八十歳《さい》の誕生日《たんじょうび》をお祝《いわ》いさせていただいたことは、忘《わす》れ得《え》ぬ思《おも》い出《で》です。謙虚《けんきょ》で凜《りん》とした清《きよ》らかな微笑《ほほえ》み。人類《じんるい》の歴史《れきし》に輝《かがや》く、誇《ほこ》り高《たか》き人権闘争《じんけんとうそう》の母《はは》でした。

――一九五五年《ねん》十二月一日《がっついたち》夕刻《ゆうこく》、アラバマ州《しゅう》モンゴメリー。デパート勤務《きんむ》の仕事《しごと》を終《お》えて、バスに乗《の》り込《こ》んだパークスさんは、重《おも》い食料品《しょくりょうひん》を抱《かか》え空《あ》いている席《せき》に腰《こし》をおろしました。ところが運転手《うんてんしゅ》は、後《あと》から乗《の》った白人《はくじん》が立《た》っているのを見《み》ると、席《せき》を譲《ゆず》るよう命《めい》じたのです。他《ほか》の三人《にん》の黒人《こくじん》は言《い》われるままに席《せき》を立《た》ちましたが、彼女《かのじょ》は穏《おだ》やかに、そしてきっぱりと「ノー」と言《い》いきったのです。

それは、同胞《どうほう》たちの「しかたがない」というあきらめの闇《やみ》を打《う》ち破《やぶ》る夜明《よあ》けの鐘《かね》となりました。

「差別《さべつ》するバスには、もう乗《の》らないぞ！」

全米《ぜんべい》、そして世界《せかい》の良心《りょうしん》を揺《ゆ》さぶる「バス・ボイコット（乗車拒否《じょうしゃきょひ》）運動《うんどう》」が始《はじ》まり、歴史《れきし》の歯車《はぐるま》が大《おお》きく動《うご》いていったのです。

パークスさんは毅然《きぜん》と振《ふ》り返《かえ》っています。

「私《わたし》たちは、それまで抑圧《よくあつ》されつづけてきた先祖《せんぞ》たちと、これから生《う》まれてくる世代《せだい》のすべての人《ひと》たちのために立《た》ち上《あ》がったのです」※

その支《ささ》えには、学校《がっこう》の教師《きょうし》であった、お母《かあ》さまの教《おし》えがあり

ローザ・パークスと著者（1993年　アメリカ・カリフォルニア）

写真：聖教新聞社

ました。

「人間は苦しみに甘んじなければならないという法律《ほうりつ》はないんだよ」

「自尊心《じそんしん》を持《も》ちなさい。人《ひと》から尊敬《そんけい》される人間《にんげん》になりなさい。人《ひと》を尊敬《そんけい》して生《い》きなさい」

未来《みらい》を生《い》きる子《こ》どもたちへの人権教育《じんけんきょういく》も進《すす》めてきたパークスさんは、「私《わたし》の一番《いちばん》の〝趣味《しゅみ》〟は、若者《わかもの》たちと一緒《いっしょ》に働《はたら》くこと、若者《わかもの》の手助《てだす》けをすることです」と若々《わかわか》しく語《かた》られていました。

そして、人種《じんしゅ》や宗教《しゅうきょう》の違《ちが》いを超《こ》えた精神《せいしん》の交流《こうりゅう》から、大《おお》いなる平和《へいわ》の価値《かち》が生《う》まれる。それこそが未来《みらい》を担《にな》う若人《わこうど》にとって、大《おお》いなる希望《きぼう》の指針《ししん》になることを、最後《さいご》まで示《しめ》していかれたのです。

「私《わたし》が今《いま》までに学《まな》んだことは、変化《へんか》を起《お》こすには、まず最初《さいしょ》の一歩《いっぽ》を踏《ふ》み出《だ》すことを恐《おそ》れてはいけないということです」※※

このパークスさんの信条《しんじょう》を受《う》け継《つ》ぎ、平和《へいわ》と共生《きょうせい》の一歩《いっぽ》を若人《わこうど》とともに、今日《きょう》も笑顔《えがお》で踏《ふ》み出《だ》したいものです。

※『勇気と希望　ローザ・パークスのことば』高橋朋子訳、サイマル出版会

※※『ローザ・パークスの青春対話』高橋朋子訳、潮出版社

大《おお》きな声《こえ》

私《わたし》が中国《ちゅうごく》の周恩来総理《しゅうおんらいそうり》とお会《あ》いした時《とき》、総理《そうり》はすでに七十六歳《さい》。重《おも》い病《やまい》のため、半年前《はんとしまえ》から入院中《にゅういんちゅう》でした。それでも病室《びょうしつ》を執務室《しつむしつ》に替《か》えて、十億《おく》の民《たみ》のために指揮《しき》を執《と》られていました。

周総理《しゅうそうり》が六十歳《さい》の頃《ころ》のエピソードがあります。総理《そうり》とともに新中国《しんちゅうごく》の建設《けんせつ》に汗《あせ》してきた年配《ねんぱい》の幹部《かんぶ》たちの部隊《ぶたい》があり、「黄《こう》忠隊《ちゅうたい》」と呼《よ》ばれて、尊敬《そんけい》を集《あつ》めていました（黄忠《こうちゅう》とは『三国《さんごく》志《し》』に出《で》てくる高齢《こうれい》の武将《ぶしょう》）。

周恩来　　写真：アフロ

ある日《ひ》、作業《さぎょう》の休憩中《きゅうけいちゅう》に青年《せいねん》たちが、〝黄忠隊《こうちゅうたい》の皆《みな》さんで、歌《うた》でも歌《うた》ってください〟と呼《よ》びかけました。そう言《い》われて、ある幹部《かんぶ》がつぶやきました。

「歌《うた》か。そりゃあもう二〇年《ねん》も前《まえ》のことで、いまはもうだめだよ」と。※

その一言《ひとこと》が仲間《なかま》にも連鎖反応《れんさはんのう》をおこし、イヤな空気《くうき》が広《ひろ》がったのです。そのとき、周総理《しゅうそうり》が立《た》ち上《あ》がってこう言《い》いました。

「二〇年前《ねんまえ》に歌《うた》えたのに、二〇年後《ねんご》に歌《うた》えない、ということがあるかね。それはつまり〝もうろく〟したというものだよ。もう少《すこ》し元気《げんき》をだして、(=長征中《ちょうせいちゅう》の)あの延安時代《えんあんじだい》の意気《いき》ご

みで、ひとつおおいにやろうじゃないか」※

その声《こえ》に応《こた》えて、皆《みな》、立《た》ち上《あ》がり、大《おお》きな声《こえ》で歌《うた》い始《はじ》めたのです。総理《そうり》は、皆《みな》の心《こころ》に生《しょう》じた一瞬《いっしゅん》のスキも見逃《みのが》しませんでした。「もうだめだ」という雰囲気《ふんいき》を打《う》ち破《やぶ》ったのです。

周総理《しゅうそうり》は言《い》っています。「たえず、〝焼《や》き〟をいれることによって、身《み》も心《こころ》も錆《さ》びないようにしなければならない」※

長《なが》い人生《じんせい》といえども、一日一日《いちにちいちにち》の積《つ》み重《かさ》ねであり、変化《へんか》の連《れん》続《ぞく》です。つきつめれば、一瞬一瞬《いっしゅんいっしゅん》が勝負《しょうぶ》であり、それを決《き》めるのは自分自身《じぶんじしん》なのだと思《おも》います。

※新井宝雄『革命児周恩来の実践』潮出版社

充実《じゅうじつ》した人生《じんせい》

かつて、フランス・ルネサンスの舞台《ぶたい》となったロワール地方《ちほう》に行《い》った折《おり》、レオナルド・ダ・ヴィンチが晩年《ばんねん》を過《す》ごしたとされる館《やかた》を訪《たず》ねたことがあります。寝室《しんしつ》に、彼《かれ》の生前《せいぜん》の言葉《ことば》が刻《きざ》まれた銅版《どうばん》が掲《かか》げられていました。

「充実《じゅうじつ》した生命《せいめい》は　長《なが》い
充実《じゅうじつ》した日々《ひび》は　いい眠《ねむ》りを与《あた》える
充実《じゅうじつ》した生命《せいめい》は　静寂《せいじゃく》な死《し》を与《あた》える」

レオナルド・ダ・ヴィンチ　提供：アフロ

有意義《ゆういぎ》に過《す》ごした一日《いちにち》が安《やす》らかな眠《ねむ》りをもたらすように、充実《じゅうじつ》した一生《いっしょう》は、満《み》ち足《た》りた穏《おだ》やかな死《し》をもたらす――ルネサンスの巨匠《きょしょう》は、こう人生《じんせい》を見《み》すえ、みずからの芸術《げいじゅつ》の完成《かんせい》に六十七歳《さい》で亡《な》くなる最期《さいご》まで挑戦《ちょうせん》したのだと思《おも》います。

人生《じんせい》の価値《かち》は、時間的《じかんてき》に長《なが》く生《い》きたかどうかという尺度《しゃくど》のみでは決《き》まりません。その人生《じんせい》がどのように充実《じゅうじつ》したものであったか――人々《ひとびと》のために、社会《しゃかい》のために、何《なに》を残《のこ》したかが大切《たいせつ》なのではないでしょうか。

かあさま

温泉町《おんせんまち》として世界的《せかいてき》に有名《ゆうめい》な群馬《ぐんま》・草津町《くさつまち》の頌徳公園《しょうとくこうえん》に、ハンセン病《びょう》に悩《なや》む方々《かたがた》の救済《きゅうさい》、治療《ちりょう》に献身《けんしん》した、コンウォール・リー氏《し》の顕彰碑《けんしょうひ》があり、近《ちか》くには墓所《ぼしょ》もあります。

彼女《かのじょ》は、英国《えいこく》の貴族《きぞく》の出身《しゅっしん》で、森《もり》に囲《かこ》まれた広大《こうだい》な敷地《しきち》にある邸宅《ていたく》に住《す》み、大学《だいがく》に学《まな》び、当時《とうじ》の女性《じょせい》としては最高《さいこう》の教育《きょういく》を受《う》けています。

何不自由《なにふじゆう》ない暮《く》らしの一切《いっさい》をなげうって、布教《ふきょう》のため日本《にほん》へ単身《たんしん》やって来《き》ました。彼女《かのじょ》が五十歳《さい》の時《とき》です。そして五十九歳《さい》で、自分《じぶん》の一生《いっしょう》を捧《ささ》げる決心《けっしん》をして、草津町《くさつまち》の湯《ゆ》の沢《さわ》に移《うつ》り住《す》んだのです。

(当時《とうじ》、湯《ゆ》の沢《さわ》には、温泉《おんせん》で病気《びょうき》を治療《ちりょう》しようと、全国《ぜんこく》から多《おお》くのハンセン病《びょう》の人々《ひとびと》が集《あつ》まっていた)

熱心《ねっしん》なキリスト教徒《きょうと》のリー氏《し》は、私財《しざい》を投《とう》じてこの地《ち》で医療《いりょう》や教育《きょういく》を行《おこな》い、患者《かんじゃ》の生活《せいかつ》を保障《ほしょう》しました。患者《かんじゃ》のためのホームを次々《つぎつぎ》に建《た》て、やがては治療《ちりょう》のための医院《いいん》もつくりました。

彼女《かのじょ》の本格的《ほんかくてき》なスタートは、実《じつ》に人生《じんせい》の晩年《ばんねん》からなのです。

生活《せいかつ》ぶりは質素《しっそ》そのもので、その清貧《せいひん》、無私《むし》の生活《せいかつ》を見《み》て、

コンウォール・リー　　　写真：日本聖公会北関東教区

皆《みな》、貧《まず》しい生活《せいかつ》に耐《た》えるのを誇《ほこ》りにしたといいます。冬《ふゆ》の間《あいだ》は、地元《じもと》の人《ひと》と同《おな》じようにワラの靴《くつ》を履《は》いて、雪《ゆき》を踏《ふ》みしめ、病床《びょうしょう》へ見舞《みま》いに歩《ある》きました。

やがて、ゴムの長靴《ながぐつ》が普及《ふきゅう》するようになると「電灯《でんとう》の発明《はつめい》よりも、ゴム靴《ぐつ》の発明《はつめい》をうれしく思《おも》います」と喜《よろこ》ばれたといい、東京《とうきょう》にもゴムの長靴《ながぐつ》で出掛《でか》けました。

イギリスで上流《じょうりゅう》の生活《せいかつ》をしてきた彼女《かのじょ》が、それほどまでに人々《ひとびと》に献身《けんしん》したのです。人間《にんげん》として立派《りっぱ》です。疲《つか》れを知《し》らず、人々《ひとびと》からは「かあさま」と呼《よ》ばれ、慕《した》われていました。

（その後《ご》、衰《おとろ》えを見《み》せ始《はじ》めたリー氏《し》は、兵庫県《ひょうごけん》の明石《あかし》で静養《せいよう》し、一九四一年《ねん》、八十四歳《さい》で生涯《しょうがい》を終《お》えた。遺骨《いこつ》は遺志《いし》により、草津《くさつ》の教会《きょうかい》の納骨堂《のうこつどう》に、患者《かんじゃ》の遺骨《いこつ》とともに納《おさ》められた）

彼女《かのじょ》の人生《じんせい》は、崇高《すうこう》な使命《しめい》を自《みずか》ら見《み》いだし、喜《よろこ》び勇《いさ》んで自《みずか》らに課《か》し、その使命《しめい》に殉《じゅん》じぬいた大満足《だいまんぞく》の一生《いっしょう》だったでしょう。

人間《にんげん》としてどう生《い》きたかがいかに大切《たいせつ》か、リー氏《し》の生涯《しょうがい》は、そのことを私《わたし》たちに強《つよ》く訴《うった》えてきます。

命《いのち》を支《ささ》える

大地震《おおじしん》や飢饉《ききん》や疫病《えきびょう》、さらに元寇《げんこう》など、命《いのち》の危機《きき》が渦巻《うずま》く鎌倉時代《かまくらじだい》、自《みずか》らも病気《びょうき》と戦《たたか》いながら、九十代《だい》の姑《しゅうとめ》の介護《かいご》に真心《まごころ》を尽《つ》くした女性《じょせい》がいました。

それは人知《ひとし》れぬ奮闘《ふんとう》でした。けれども、その健気《けなげ》な献身《けんしん》を、じっと見守《みまも》っておられた師匠《ししょう》は、姑《しゅうとめ》の逝去後《せいきょご》にこう書《か》き送《おく》ってくださったのです。

「あなたのご主人《しゅじん》が語《かた》っておられました。

『このたび、母《はは》が亡《な》くなった嘆《なげ》きのなかでも、その臨終《りんじゅう》の姿《すがた》がよかったことと、妻《つま》が母《はは》を手厚《てあつ》く看病《かんびょう》してくれたことの嬉《うれ》しさは、いつの世《よ》までも忘《わす》れられません』と喜《よろこ》ばれておりました」

介護《かいご》は、まさに究極《きゅうきょく》の人間性《にんげんせい》の振《ふ》る舞《ま》いです。

千葉県《ちばけん》のご婦人《ふじん》の介護《かいご》の体験《たいけん》を、私《わたし》は妻《つま》とともに感銘深《かんめいぶか》く伺《うかが》いました。

六十一歳《さい》の夫《おっと》が突然《とつぜん》、半身麻痺《はんしんまひ》に――。

三人《にん》のお子《こ》さんと力《ちから》を合《あ》わせ、家《いえ》をバリアフリーに改造《かいぞう》して、在宅介護《ざいたくかいご》が始《はじ》まりました。睡眠《すいみん》もままならぬ、介護《かいご》の厳《きび》しい現実《げんじつ》に、婦人《ふじん》は何度《なんど》も落《お》ち込《こ》みました。しかし、その落胆《らくたん》は、夫《おっと》にそのまま伝《つた》わることに気付《きづ》きました。

「要《よう》は、私《わたし》が変《か》わるしかない。まず、私《わたし》が一家《いっか》の太陽《たいよう》になろう！　何《なに》があっても太陽《たいよう》の明《あか》るさでいこう」

婦人《ふじん》が心《こころ》を決《き》めた時《とき》から、夫《おっと》も元気《げんき》を取《と》り戻《もど》し、大変《たいへん》なことも朗《ほが》らかに笑《わら》い飛《と》ばして挑戦《ちょうせん》していける一家《いっか》になりました。夫《ふ》妻《さい》は、リハビリのためにも、絵手紙《えてがみ》を描《か》き始《はじ》め、コミュニケーションを図《はか》っていったのです。

そして、夫《おっと》は介護施設《かいごしせつ》で皆《みな》さんの盛《も》り立《た》て役《やく》となり、妻《つま》は請《こ》われて絵手紙教室《えてがみきょうしつ》の講師《こうし》になり、近隣《きんりん》の友人《ゆうじん》たちに介護《かいご》の経験《けいけん》も語《かた》るなど、地域《ちいき》に貢献《こうけん》してきました。気《き》が付《つ》くと「定年退職《ていねんたいしょく》後《ご》は、夫婦《ふうふ》で地域《ちいき》のお役《やく》に立《た》ちたい」という、以前《いぜん》からの夢《ゆめ》が叶《かな》っていたのです。宿命《しゅくめい》を使命《しめい》に変《か》えた御夫妻《ごふさい》の軌跡《きせき》は、喜《よろこ》びと誇《ほこ》りに光《ひか》っています。

子育《こそだ》てが「命《いのち》で命《いのち》を育《はぐく》む聖業《せいぎょう》」であるならば、介護《かいご》は「命《いのち》で命《いのち》を支《ささ》える偉業《いぎょう》」といえましょう。だからこそ、介護《かいご》に当《あ》たっている尊《とうと》き方々《かたがた》を、周囲《しゅうい》は心《こころ》から労《ねぎら》い、気遣《きづか》って、サポートしていきたいものです。慈愛《じあい》の家族《かぞく》を、孤独《こどく》な「介護地獄《かいごじごく》」などに、絶対《ぜったい》に追《お》い込《こ》んではなりません。

地域社会《ちいきしゃかい》の福祉《ふくし》の体制《たいせい》も、総力《そうりょく》を挙《あ》げて、一段《いちだん》と拡充《かくじゅう》していくべき時《とき》を迎《むか》えています。

人生《じんせい》のカンバス

中国《ちゅうごく》の著名《ちょめい》な芸術家《げいじゅつか》で「敦煌《とんこう》の守《まも》り人《びと》」と呼《よ》ばれた常書鴻先《じょうしょこうせん》生《せい》の夫人《ふじん》・李承仙画伯《りしょうせんがはく》とお会《あ》いしたときのことです。李夫人《りふじん》も、亡《な》きご主人《しゅじん》の後《あと》を継《つ》ぎ、まばゆい敦煌《とんこう》の芸術《げいじゅつ》を保護《ほご》し、研究《けんきゅう》し、宣揚《せんよう》しようと誓《ちか》われていました。

砂漠《さばく》の孤独《こどく》も、生活《せいかつ》の貧苦《ひんく》も、心《こころ》ない人々《ひとびと》の嘲笑《ちょうしょう》も、権力《けんりょく》の弾圧《だんあつ》も、ご夫妻《ふさい》の志《こころざし》をくじくことはできませんでした。自《みずか》ら選《えら》んだ敦煌《とんこう》の芸術《げいじゅつ》に殉《じゅん》ずる生涯《しょうがい》を送《おく》られ、最晩年《さいばんねん》まで、いよいよ創作意欲《そうさくいよく》を燃《も》え上《あ》がらせて、現代《げんだい》の敦煌壁画《とんこうへきが》の石窟《せっくつ》を制作《せいさく》しようとされ、世界《せかい》の美術家《びじゅつか》も参加《さんか》してほしいと言《い》われていました。現代《げんだい》の莫高窟《ばっこうくつ》、千仏洞《せんぶつどう》をつくりたいということでした。当時《とうじ》、夫人《ふじん》は七十二歳《さい》。この年齢《ねんれい》で、この壮大《そうだい》な構想《こうそう》です。私《わたし》は、感動《かんどう》しました。

初《はじ》めてお会《あ》いしたのは、一九八〇年春《ねんはる》の第五次訪中《だいごじほうちゅう》のときでした。

敦煌文物研究所《とんこうぶんぶつけんきゅうじょ》の所長《しょちょう》であられた常書鴻先生《じょうしょこうせんせい》ご夫妻《ふさい》が、宿舎《しゅくしゃ》の北京飯店《ペキンはんてん》に、わざわざ訪《たず》ねてきてくださったのです。

七十六歳《さい》の常書鴻先生《じょうしょこうせんせい》は、前日《ぜんじつ》、西《にし》ドイツ（当時《とうじ》）から帰国《きこく》されたばかりでした。二時間半《じかんはん》の楽《たの》しい充実《じゅうじつ》した歓談《かんだん》となり、

左から、著者、常書鴻、李承仙（常夫人）、池田香峯子（著者夫人）
1990年　東京・渋谷　写真：聖教新聞社

敦煌《とんこう》とシルクロードを語《かた》りに語《かた》りました。

〝敦煌《とんこう》ひとすじ〟の、その情念《じょうねん》と信念《しんねん》には、心打《こころう》たれました。

常書鴻先生《じょうしょこうせんせい》は留学先《りゅうがくさき》のパリでたまたま「敦煌石窟《とんこうせっくつ》」の図録《ずろく》を見《み》て、故国《ここく》に素晴《すば》らしい絵画芸術《かいがげいじゅつ》があることを知《し》り、帰国《きこく》して敦煌《とんこう》と取《と》り組《く》むようになったのです。

その後《ご》、困難《こんなん》や迫害《はくがい》があったものの、「人生《じんせい》の最後《さいご》の段階《だんかい》になったとき、〝自分《じぶん》が選《えら》んだ人生《じんせい》は間違《まちが》っていなかった。一度《いちど》も後悔《こうかい》したことがない〟と言《い》いきれる」と語《かた》っておられました。

人生《じんせい》はすべからく、こうでなければなりません。

常書鴻先生《じょうしょこうせんせい》に「もし今度《こんど》、再《ふたた》び人間《にんげん》として生《う》まれてくるとしたら、どんな職業《しょくぎょう》を選《えら》びますか？」と尋《たず》ねたら、こう答《こた》えていました。

「やはり『常書鴻《じょうしょこう》』を選《えら》んで、未完成《みかんせい》の仕事《しごと》を続《つづ》けていきたい」

人《ひと》はそれぞれが、自分《じぶん》だけの人生《じんせい》というカンバスを持《も》っています。そこに、どのような絵《え》を描《えが》き仕上《しあ》げていくか。有名無名《ゆうめいむめい》、非凡平凡《ひぼんへいぼん》は問題《もんだい》ではありません。自分《じぶん》らしく、使命《しめい》に生《い》ききった人生劇《じんせいげき》を、最後《さいご》の最後《さいご》まで、存分《ぞんぶん》に描《えが》いていくことではないでしょうか。

幸福《こうふく》の鍛冶屋《かじや》

ロシアのノーベル賞作家《しょうさっか》ショーロホフ氏《し》にモスクワでお会《あ》いしたのは、氏《し》が六十九歳《さい》の時《とき》でした。血色《けっしょく》もよく、白髪《はくはつ》で小柄《こがら》ながら、文学的巨人《ぶんがくてききょじん》の深《ふか》さと気骨《きこつ》ともいうべき風格《ふうかく》が漂《ただよ》っていました。

「一定《いってい》の目的《もくてき》に向《む》かう信念《しんねん》のない人《ひと》は何《なに》もできない。私《わたし》たちは皆《みな》、〝幸福《こうふく》の鍛冶屋《かじや》〟です。信念《しんねん》のある人《ひと》、精神的《せいしんてき》に強《つよ》い人《ひと》は、運命《うんめい》の曲《ま》がり角《かど》でも、自分《じぶん》の生《い》き方《かた》に一定《いってい》の影響《えいきょう》を与《あた》え得《う》ると信《しん》じます」と言《い》っておられた。

人《ひと》の幸不幸《こうふこう》は、最後《さいご》は運命《うんめい》が決《き》めるのではない。自分《じぶん》が決《き》めるのだ。運命《うんめい》に負《ま》けない自分《じぶん》になればよいのだ。運命《うんめい》を好転《こうてん》させる強《つよ》い自分《じぶん》になればよいのだ——これが、氏《し》の答《こた》えだったのです。

必要《ひつよう》なのは、あくまで自分《じぶん》で自分《じぶん》の幸福《こうふく》を築《きず》いていくのだ、という気概《きがい》と達観《たっかん》です。その信念《しんねん》に生《い》き抜《ぬ》いた氏《し》の言葉《ことば》は、今《いま》も私《わたし》の胸《むね》に深《ふか》く刻《きざ》まれ、残《のこ》っています。

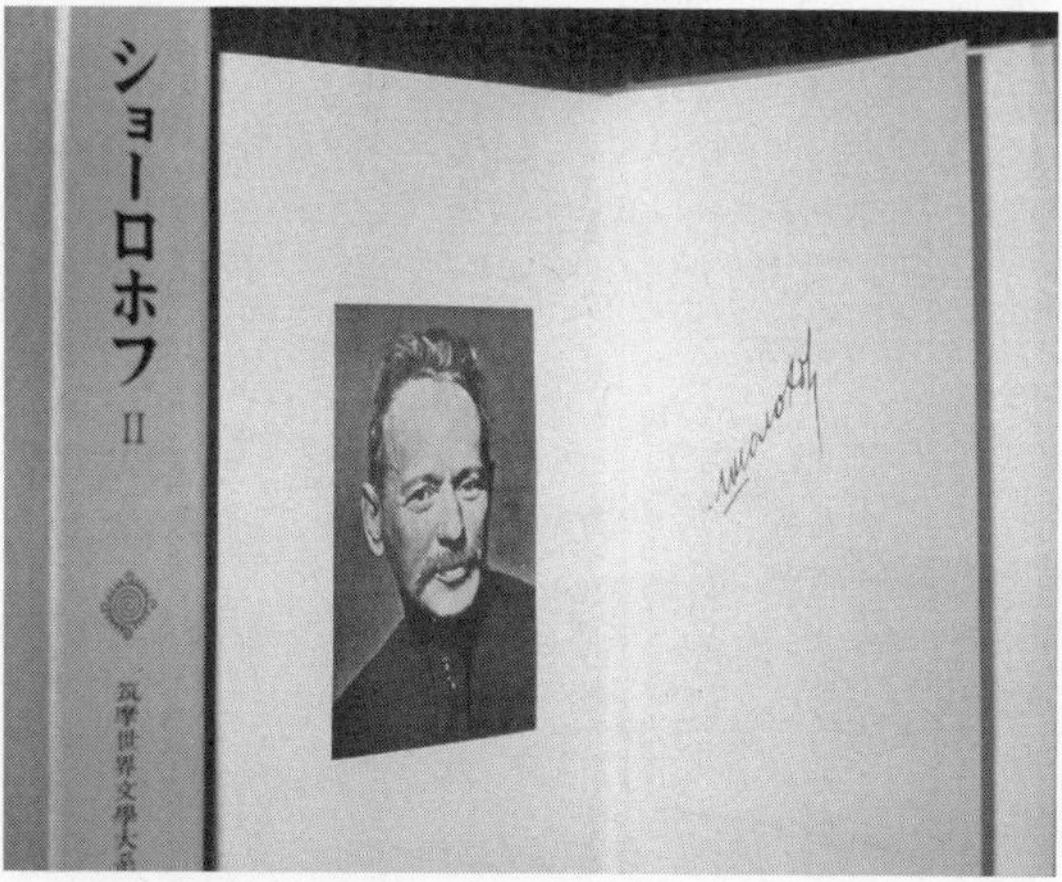

ショーロホフ氏の署名入り著書（日本語版）　写真：聖教新聞社

常《つね》に「青年《せいねん》の心《こころ》」で

「創業《そうぎょう》は易《やす》く、守成《しゅせい》は難《かた》し」という言葉《ことば》があります（新《あら》たに事業《じぎょう》を興《おこ》すより、それが衰《おとろ》えてしまわないよう守《まも》っていくことのほうが難《むずか》しい、という意味《いみ》）。

人間《にんげん》の傾向《けいこう》として、いったん基盤《きばん》ができあがると、たくましい挑戦心《ちょうせんしん》を失《うしな》い、どうしても守《まも》りに入《はい》ってしまいがちです。ですが、それからが本当《ほんとう》の戦《たたか》いであり、本当《ほんとう》の挑戦《ちょうせん》が始《はじ》まるのではないでしょうか。

いかに環境《かんきょう》が整《ととの》おうが、建設期《けんせつき》のみずみずしい情熱《じょうねつ》を、開拓《かいたく》

牧口常三郎　写真：聖教新聞社

牧口常三郎が、自身の著作『価値論』の内容を記したメモ

写真：聖教新聞社

の心《こころ》を、決《けっ》して忘《わす》れてはならないと思《おも》うのです。

人生《じんせい》は、常《つね》に攻勢《こうせい》に出《で》て行《い》くことです。徹《てっ》して攻《せ》めることです。

牧口常三郎先生《まきぐちつねさぶろうせんせい》（創価学会初代会長《そうかがっかいしょだいかいちょう》）は、七十代《だい》に入《はい》ってからも、青年門下《せいねんもんか》を励《はげ》まされながら、よく、「われわれ青年《せいねん》は」と口《くち》にされていたといいます。生命《せいめい》の次元《じげん》では、先生《せんせい》は常《つね》に青年《せいねん》でした。青年《せいねん》とは、決《けっ》して年齢《ねんれい》ではなく、心《こころ》の持《も》ち方《かた》、生《い》き方《かた》で決《き》まります。

若《わか》き日《ひ》の誓《ちか》いを忘《わす》れない人《ひと》は青年《せいねん》です。現状《げんじょう》を破《やぶ》り、一歩《いっぽ》でも二歩《にほ》でも前進《ぜんしん》しようという挑戦《ちょうせん》の人《ひと》は青年《せいねん》です。傍観者《ぼうかんしゃ》にならず、常《つね》に、主体者《しゅたいしゃ》となろうとする人《ひと》は、青年《せいねん》です。

この青年《せいねん》の心《こころ》が、生《い》き生《い》きと脈打《みゃくう》っている限《かぎ》り、無限《むげん》の向上《こうじょう》があり、発展《はってん》があるのだと思《おも》います。

問《と》い続《つづ》けること

フランスの作家《さっか》アンドレ・マルロー氏《し》と初《はじ》めてお会《あ》いしたのは一九七四年《ねん》、モナ・リザ展《てん》のため、フランス政府《せいふ》の特派大使《とくはたいし》として来日《らいにち》された時《とき》でした。当時《とうじ》、氏《し》は七十二歳《さい》。

薄《うす》いグリーンの目《め》が、炯々《けいけい》として光《ひかり》を放《はな》ち、よく動《うご》き、ときに大《おお》きく見開《みひら》く。その生《い》き生《い》きとした、きらめきが実《じつ》に印象的《いんしょうてき》でした。

骨太《ほねぶと》で長身《ちょうしん》の体《からだ》から、何《なに》かが発《はっ》していました。行動《こうどう》し、書《か》き、一刻《いっこく》の停滞《ていたい》もなく一生《いっしょう》を駆《か》け抜《ぬ》けてきたエネルギーは、衰《おとろ》えていないようでした。

インドシナの密林《みつりん》に「クメールの微笑《びしょう》」（アンコール遺跡《いせき》の像《ぞう》）を追《お》って、その体験《たいけん》を『王道《おうどう》』に書《か》き、中国革命《ちゅうごくかくめい》の動乱《どうらん》のなかから『征服者《せいふくしゃ》』『人間《にんげん》の条件《じょうけん》』を生《う》み、スペイン内乱《ないらん》では国際義勇軍《こくさいぎゆうぐん》の飛行隊長《ひこうたいちょう》として六十五回《かい》も出撃《しゅつげき》、その合間《あいま》に大作《たいさく》『希望《きぼう》』を綴《つづ》っています。

ナチスへのレジスタンス（抵抗運動《ていこううんどう》）で勇名《ゆうめい》を馳《は》せました。

共通《きょうつう》の友人《ゆうじん》で、ナチスからルーブルの至宝《しほう》を守《まも》った美術史家《びじゅつしか》のルネ・ユイグ氏《し》からマルロー氏《し》との思《おも》い出《で》を伺《うかが》ったことがあります。

危険《きけん》のつきまとう占領下《せんりょうか》の夜道《よみち》でも、皓々《こうこう》たる月明《つきあ》かりのもと、マルロー氏《し》は悠然《ゆうぜん》と歩《ある》きながら、人類文明《じんるいぶんめい》のはるかな未来《みらい》を展望《てんぼう》して語《かた》っていたというのです。

戦後《せんご》はドゴール政権《せいけん》での文化大臣《ぶんかだいじん》として、空前《くうぜん》の文化交流《ぶんかこうりゅう》も実現《じつげん》させました。映画監督《えいがかんとく》、美術評論家《びじゅつひょうろんか》としても傑出《けっしゅつ》した業績《ぎょうせき》が認《みと》められています。齢《よわい》七十にしてなお、バングラデシュ独立《どくりつ》のために戦場《せんじょう》に立《た》とうとされました。

この超人的《ちょうじんてき》に多彩《たさい》な軌跡《きせき》は、ただ一《ひと》つの問《と》いから発《はっ》していました。

「人間《にんげん》は、いかにして宿命《しゅくめい》を転換《てんかん》できるか？」

氏《し》が「人間《にんげん》の条件《じょうけん》」と呼《よ》ぶとき、死《し》に脅《おびや》かされる「人間《にんげん》の宿《しゅく》命《めい》」を指《さ》します。死《し》が一切《いっさい》を無《む》に終《お》わらせるなら、人生《じんせい》に何《なん》の意味《いみ》があるのか。人生《じんせい》は「不条理《ふじょうり》」、すなわち「ばかばかしい」ものではないか。

どうすれば人間《にんげん》は人間《にんげん》に戻《もど》れるのか。尊厳《そんげん》なる人間性《にんげんせい》を取《と》り戻《もど》せるのか。この根本問題《こんぽんもんだい》を避《さ》けて、何《なに》を論《ろん》じ、何《なに》をなそうと、砂上《さじょう》の楼閣《ろうかく》でしょう。

氏《し》にとって、革命《かくめい》も、芸術《げいじゅつ》も、政治《せいじ》も、すべてが「反宿命《はんしゅくめい》」

アンドレ・マルローと著者（1975年　フランス・パリ郊外のマルロー邸）
写真：聖教新聞社

の戦《たたか》いでした。

宿命《しゅくめい》の奴隷《どれい》となる屈辱《くつじょく》をはねのけ、反対《はんたい》に宿命《しゅくめい》を牛耳《ぎゅうじ》る主人《しゅじん》となろう。高貴《こうき》なる、不死《ふし》の人間性《にんげんせい》をおとしめる一切《いっさい》と戦《たたか》おう。「死《し》が勝《か》つか、希望《きぼう》が勝《か》つかだ」。その「決闘《けっとう》」を氏《し》は英雄的《えいゆうてき》に生《い》き抜《ぬ》きました。

『征服者《せいふくしゃ》』の主人公《しゅじんこう》はつぶやきます。「人生《じんせい》で貴《とうと》いことが一《ひと》つある。それは、けっして打《う》ち負《ま》かされないってことだ。まいらないってことだ※」

パリ郊外《こうがい》にあるマルロー氏《し》の自宅《じたく》を訪《おとず》れた翌年《よくねん》の秋《あき》

（一九七六年《ねん》）、氏《し》の訃報《ふほう》が届《とど》きました。

私《わたし》には、氏《し》が今《いま》も満天《まんてん》の星座《せいざ》を仰《あお》ぎ、あの長身《ちょうしん》に月光《げっこう》を浴《あ》びて立《た》ち、声《こえ》なき問《と》いを発《はっ》し続《つづ》ける姿《すがた》が浮《う》かんでなりません。

「この永遠《えいえん》を前《まえ》に、人間《にんげん》はそもそも何《なん》であろうか？

「人生《じんせい》が『ばかばかしく』ないために、現代人《げんだいじん》は人生《じんせい》にどんな『永遠《えいえん》の価値《かち》』を与《あた》えられるのか？」

「文明《ぶんめい》は『何《なん》のため』に？　そして『どこ』へ？」と。

問《と》い続《つづ》けること、そこにこそ、走《はし》り続《つづ》けた人間探究者《にんげんたんきゅうしゃ》、アンドレ・マルロー氏《し》の不滅《ふめつ》の遺産《いさん》がある、と私《わたし》は思《おも》います。

※『征服者』小松清訳、新潮社

悪魔《あくま》のささやき

釈尊《しゃくそん》はあるとき、竹林精舎《ちくりんしょうじゃ》で修行《しゅぎょう》している人々《ひとびと》に、こう呼《よ》びかけました。

「この人間《にんげん》の寿命《じゅみょう》は短《みじか》い。来世《らいせ》には行《い》かねばならぬ。善《ぜん》をなさねばならぬ。清浄行《しょうじょうぎょう》を行《おこな》わねばならぬ。生《う》まれた者《もの》が死《し》なないということはあり得《え》ない。たとい永《なが》く生《い》きたとしても、百歳《さい》か、あるいはそれよりも少《すこ》し長《なが》いだけである」※

人間《にんげん》の寿命《じゅみょう》は短《みじか》い。いつかは死《し》なねばならない。だからこそ、時間《じかん》を惜《お》しんで「善《ぜん》」をなせ！　修行《しゅぎょう》に励《はげ》め！　仏《ほとけ》はこう言《い》ったのです。

すると、そこに悪魔《あくま》がやってきて、釈尊《しゃくそん》とまったく反対《はんたい》のことを言《い》いました。

「人間《にんげん》の寿命《じゅみょう》は長《なが》い」「乳《ちち》に飽《あ》いた赤子《あかご》のようにふるまえ、死《し》の来《く》ることがないからである」※

人間《にんげん》の寿命《じゅみょう》は長《なが》い。乳《ちち》を飲《の》みあきた赤《あか》ん坊《ぼう》が、ゆったりとベッドで寝《ね》ているように、時間《じかん》はいくらでもある。修行《しゅぎょう》などやめてよいのだ。死《し》は来《く》ることがないのだから——と。

それを聞《き》いて、「そうかな」と思《おも》った人《ひと》もいたかもしれません。人間《にんげん》というのは、悪縁《あくえん》に紛動《ふんどう》されやすく、楽《らく》な方《ほう》へ流《なが》されやすい存在《そんざい》だともいえます。

たしかに、悪魔《あくま》が言《い》うように、若《わか》い人《ひと》は、自分《じぶん》が「いつまでも若《わか》い」と思《おも》っているものです。「死《し》ぬこと」など考《かんが》えもしません。人生《じんせい》はまだまだ長《なが》く続《つづ》くと信《しん》じきっています。

悪魔《あくま》のささやきに対《たい》して、釈尊《しゃくそん》は言《い》いました。

「人間《にんげん》の寿命《じゅみょう》は短《みじか》い」「頭髪《とうはつ》に火《ひ》がついて燃《も》えている人《ひと》のようにふるまえ。死《し》が来《こ》ないということはあり得《え》ないからである」※

人間《にんげん》の寿命《じゅみょう》は短《みじか》い。頭髪《とうはつ》に火《ひ》がついて燃《も》えている人《ひと》のように、時間《じかん》を惜《お》しんで修行《しゅぎょう》せよ。あっという間《ま》に人生《じんせい》は終《お》わってしまう。急《いそ》いで善《ぜん》をなせ。今《いま》すぐ、善《ぜん》をなせ。死《し》は必《かなら》ずやって来《く》るのだから――こういう意味《いみ》になるでしょう。

これを聞《き》いて、悪魔《あくま》は〝釈尊《しゃくそん》は私《わたし》の正体《しょうたい》を知《し》っておられるのだ〟※と気《き》が付《つ》き、うちしおれ、がっかりして、その場《ば》で消《き》えてしまいました。

魔《ま》というのは、「これは魔《ま》だ」と見破《みやぶ》れば、打《う》ち破《やぶ》れますが、恐《おそ》れたり、紛動《ふんどう》されたりすれば、魔《ま》は増長《ぞうちょう》するのです。「強《つよ》い心《こころ》」を持《も》って、悪魔《あくま》のささやきに勝《か》てば、向上《こうじょう》できるし、負《ま》ければ堕落《だらく》です。勝《か》てば、自身《じしん》を幸福《こうふく》へ導《みちび》くことができるし、負《ま》ければ不幸《ふこう》へと落《お》ちていきます。人生《じんせい》は、いってみれば、自《じ》分自身《ぶんじしん》の心《こころ》の闘争《とうそう》のドラマなのではないでしょうか。

※『ブッダ　悪魔との対話――サンユッタ・ニカーヤII』中村元訳、岩波書店、引用・参照

大《おお》空《ぞら》にはばたく

古《こ》希《き》の舞《まい》

太陽《たいよう》のごとく

限《かぎ》りある人生《じんせい》。同《おな》じ生《い》きるならば、
爽《さわ》やかに朗《ほが》らかに生《い》きたい。
最後《さいご》の最後《さいご》まで、わが命《いのち》を燃《も》やしながら、
大空《おおぞら》を荘厳《そうごん》な金《きん》と茜《あかね》の輝《かがや》きで彩《いろど》る
太陽《たいよう》のごとく生《い》き抜《ぬ》きたい。

希望《きぼう》の力《ちから》

二十世紀《せいき》を代表《だいひょう》する科学者《かがくしゃ》ライナス・ポーリング博士《はかせ》と並《なら》び「アメリカの最《もっと》も良質《りょうしつ》なヒューマニズムを体現《たいげん》している」といわれた、もう一人《ひとり》の巨人《きょじん》がノーマン・カズンズ博士《はかせ》でした。

七十五歳《さい》まで生《い》き抜《ぬ》かれました。

日本《にほん》では被爆《ひばく》した若《わか》い女性《じょせい》たちの渡米《とべい》治療《ちりょう》を実現《じつげん》させたことで有名《ゆうめい》ですが、ジャーナリストとしても、平和《へいわ》行動者《こうどうしゃ》としても、他《た》の追随《ついずい》を許《ゆる》さぬ巨歩《きょほ》を印《しる》されました。

晩年《ばんねん》は、心身相関《しんしんそうかん》医学《いがく》の分野《ぶんや》で先駆的《せんくてき》な功績《こうせき》を挙《あ》げられまし

ノーマン・カズンズ　　写真：AP／アフロ

た。ご自身《じしん》が膠原病《こうげんびょう》、心筋梗塞《しんきんこうそく》という二《ふた》つの大病《たいびょう》から奇跡的《きせきてき》に生還《せいかん》されました。その体験《たいけん》を支《ささ》えたのは「希望《きぼう》の力《ちから》」だったといいます。

希望《きぼう》、信念《しんねん》、意欲《いよく》、信頼《しんらい》、愛情《あいじょう》といった肯定的感情《こうていてきかんじょう》が、体内《たいない》の治癒力《ちゆりょく》を高《たか》めることを自《みずか》ら実証《じっしょう》されたのです。

希望《きぼう》は平和《へいわ》への根本《こんぽん》の力《ちから》でもあります。

「平和《へいわ》に関《かん》する最《もっと》も重要《じゅうよう》な問題点《もんだいてん》は、一人一人《ひとりひとり》が無力感《むりょくかん》を持《も》っているということです」「しかし、被爆《ひばく》四年後《ねんご》、復興《ふっこう》する広島《ひろしま》で私《わたし》は知《し》りました。『いかなる爆発物《ばくはつぶつ》よりも偉大《いだい》な力《ちから》、それは人間《にんげん》の生《い》き抜《ぬ》く意志《いし》であり、希望《きぼう》を持《も》つ能力《のうりょく》だ』と」

博士《はかせ》との三度《ど》の語《かた》らいのなかで、たった一《ひと》つだけ同《おな》じ言葉《ことば》を繰《く》り返《かえ》されました。

「人生《じんせい》の最大《さいだい》の悲劇《ひげき》は死《し》ではありません。生《い》きながらの死《し》です。生《せい》あるうちに自分《じぶん》のなかで何《なに》かが死《し》に絶《た》える。これ以上《いじょう》に恐《おそ》ろしい人生《じんせい》の悲劇《ひげき》はありません。大事《だいじ》なのは生《せい》あるうちに何《なに》をなすかです」

手《て》を赤《あか》くして綴《つづ》る文章《ぶんしょう》

作家《さっか》の井上靖《いのうえやすし》さんとは、往復書簡《おうふくしょかん》『四季《しき》の雁書《がんしょ》』を編《あ》みました。月刊誌《げっかんし》「潮《うしお》」に一年間連載《ねんかんれんさい》し、一九七七年《ねん》に一冊《さつ》にまとめられました。「日本《にほん》の文化《ぶんか》に貢献《こうけん》するためにも、ぜひ、やらせていただきたい」。井上《いのうえ》さんの温《あたた》かいお言葉《ことば》が忘《わす》れられません。七五年《ねん》三月《がつ》、聖教新聞社《せいきょうしんぶんしゃ》で三時間《じかん》あまりにわたって語《かた》りあった際《さい》のことでした。

書簡《しょかん》を交《か》わしはじめたとき、井上《いのうえ》さんは六十七歳《さい》、私《わたし》は四十七歳《さい》。立場《たちば》も年齢《ねんれい》も異《こと》なる二人《ふたり》でした。

私《わたし》は、井上《いのうえ》さんからのお手紙《てがみ》が、いつも待《ま》ち遠《どお》しかった。そこには、花《はな》があり、星《ほし》があり、旅情《りょじょう》がありました。美《び》へのときめきがあり、歴史《れきし》のロマンがありました。四季折々《しきおりおり》の自然《しぜん》を語《かた》り、人間《にんげん》の運命《うんめい》を語《かた》り、人《ひと》や芸術《げいじゅつ》との出会《であ》いを語《かた》りながら、行間《ぎょうかん》には、いつも、井上《いのうえ》さんの文学者《ぶんがくしゃ》としての「高《たか》い志《こころざし》」が香《かお》っていました。

最初《さいしょ》のお手紙《てがみ》には、長江《ちょうこう》（揚子江《ようすこう》）の流《なが》れを初《はじ》めて目《め》にした印象《いんしょう》を記《しる》されていました。悠久《ゆうきゅう》の大河《たいが》、そのほとりに暮《く》らす人々《ひとびと》。太古《たいこ》から続《つづ》いてきた自然《しぜん》と人間《にんげん》の営《いとな》みを見《み》つめた一文《いちぶん》には、井上文学《いのうえぶんがく》の中心《ちゅうしん》にある祈《いの》りが語《かた》られていました。

「──揚子江《ようすこう》の岸《きし》で、手《て》を赤《あか》くして甕《かめ》を洗《あら》っている女《おんな》たちを見《み》た。私《わたし》もまたそのようなところで、そのようにして私《わたし》の文字《もじ》を書《か》きたい。

これはその時《とき》の私《わたし》の感懐《かんがい》であります。私《わたし》は一人《ひとり》の文学《ぶんがく》の徒《と》として、いつでも永遠《えいえん》に触《ふ》れたところで仕事《しごと》をしていたい気持《きもち》でおります。そして永遠《えいえん》を信《しん》じ、人間《にんげん》を信《しん》じ、人間《にんげん》が造《つく》る社会《しゃかい》を信《しん》じ、中国《ちゅうごく》の女《おんな》の人《ひと》たちが手《て》を赤《あか》くして甕《かめ》を洗《あら》っていたように、私《わたし》もまた手《て》を赤《あか》くして自分《じぶん》の文章《ぶんしょう》を綴《つづ》りたい※」

井上《いのうえ》さんは、中国《ちゅうごく》だけでも二十七回《かい》。多忙《たぼう》なスケジュールの

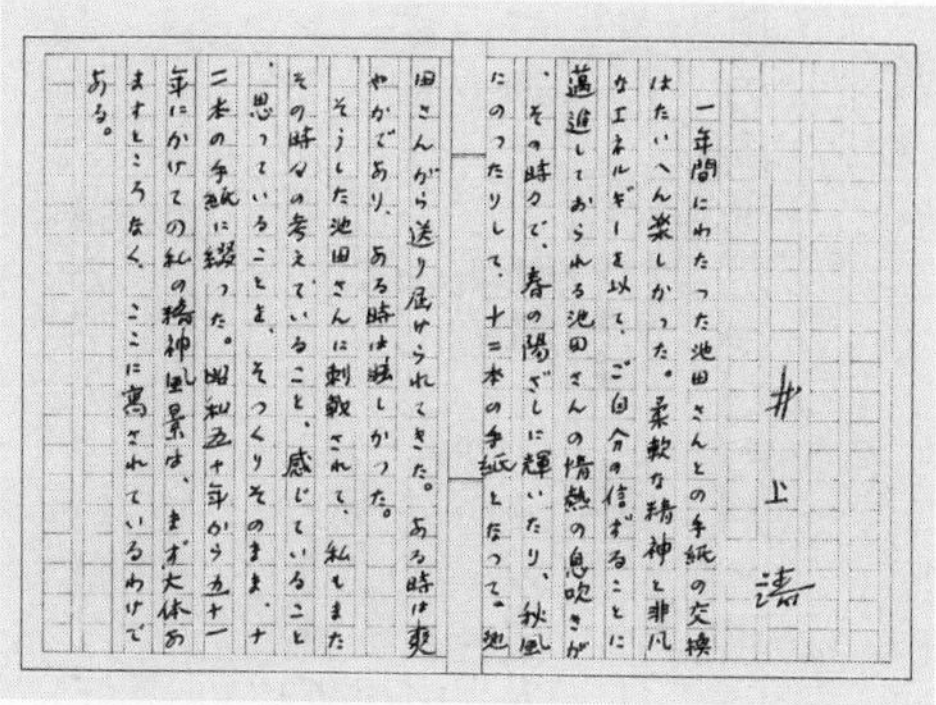

井上靖

一年間にわたった池田さんとの手紙の交換はたいへん楽しかった。柔軟な精神と非凡なエネルギーを以て、ご自分の信ずることに邁進しておられる池田さんの情熱の息吹きが、その時々で、春の陽ざしに輝いたり、秋風にのったりして、十二本の手紙となって、池田さんから送り届けられてきた。ある時は爽やかであり、ある時は烈しかった。

そうした池田さんに刺激されて、私もまたその時々の考えていること、感じていること、思っていることを、そっくりそのまま、十二本の手紙に綴った。昭和五十年から五十一年にかけての私の精神風景は、まず大体あますところなく、ここに写されているわけである。

『四季の雁書』のあとがき　提供：聖教新聞社

井上靖（1978年　長野・上高地）　写真：読売新聞社／アフロ

なか、アジア、ヨーロッパ、アメリカなど世界中を旅された。

六十六歳《さい》から八十一歳《さい》までの十六年間《ねんかん》は、海外《かいがい》に出《で》ない年《とし》はなかったほどでした。

しかも、シルクロードの遺跡《いせき》の町《まち》など、過酷《かこく》な旅路《たびじ》を、あえて進《すす》まれました。そのバイタリティーの源泉《げんせん》は、若《わか》き日《ひ》に柔道《じゅうどう》で鍛《きた》えた体軀《たいく》と、ふみ夫人《ふじん》が丹精《たんせい》こめて庭《にわ》でつくった野菜《やさい》の滋《じ》養《よう》と、やはり「永遠《えいえん》に触《ふ》れたところで仕事《しごと》をしたい」という内《ない》奥《おう》の衝動《しょうどう》だったのだと思《おも》います。

私《わたし》の書簡《しょかん》に「生涯青春《しょうがいせいしゅん》」という言葉《ことば》を見《み》つけて、ことのほか

「生涯青春《しょうがいせいしゅん》、生涯青春《しょうがいせいしゅん》、――たいへんすばらしい言葉《ことば》を頂戴《ちょうだい》した思《おも》いであります」※

「人間《にんげん》の一生《いっしょう》が青春《せいしゅん》の姿勢《しせい》で貫《つらぬ》かれていたら、本当《ほんとう》にどんなにすばらしいことであろうかと思《おも》います」※

「私《わたし》もまた〝生涯青春《しょうがいせいしゅん》〟を心掛《こころが》けようと思《おも》いますし、実際《じっさい》にまた心掛《こころが》けて来《き》ております」※と。

共鳴《きょうめい》されました。

井上《いのうえ》さんが私《わたし》に、しみじみと言《い》われたことがありました。

「今《いま》の私《わたし》は、一生《いっしょう》に一冊《いっさつ》、書《か》ければいいという気持《きも》ちで、『最《さい》後《ご》の作品《さくひん》』の仕上《しあ》げを課題《かだい》としています。晩年《ばんねん》、人間《にんげん》として完《かん》成《せい》に近《ちか》づいていく年代《ねんだい》に、最高《さいこう》にいいものを書《か》ける――できることなら、これが一番《いちばん》、幸《しあわ》せなことと思《おも》います」

井上《いのうえ》さんにとって、その「一冊《いっさつ》」となったのが、小説《しょうせつ》『孔《こう》子《し》』です。「二十一世紀《せいき》に於《おい》ての孔子《こうし》解釈《かいしゃく》を、小説《しょうせつ》の形《かたち》で書《か》きたい」。その思《おも》いは、長年《ながねん》、温《あたた》めておられたものでした。しかし、実際《じっさい》に原稿用紙《げんこうようし》に向《む》かったのは、一九八七年《ねん》五月《がつ》、八十歳《さい》になってからでした。

きっかけは前年秋《ぜんねんあき》の「食道《しょくどう》ガン」の手術《しゅじゅつ》。五時間《じかん》にわたる大《だい》手術《しゅじゅつ》を乗《の》り越《こ》えられたのでした。八九年《ねん》の春《はる》まで二十一回《かい》にわたって月刊誌《げっかんし》に連載《れんさい》。その間《かん》、肺《はい》にガンが見《み》つかり、コバルト照射《しょうしゃ》のために入院《にゅういん》せざるを得《え》なくなりましたが、病室《びょうしつ》に机《つくえ》を持《も》ち込《こ》んで執筆《しっぴつ》を続行《ぞっこう》。身《み》も心《こころ》もすり減《へ》らす思《おも》いで完成《かんせい》させたのが『孔子《こうし》』でした。

八九年《ねん》に刊行《かんこう》された『孔子《こうし》』は大《おお》きな反響《はんきょう》を呼《よ》び、その年《とし》の「野間文芸賞《のまぶんげいしょう》」を受賞《じゅしょう》しました。

歴史《れきし》に取材《しゅざい》した、スケールの大《おお》きな小説《しょうせつ》は、井上《いのうえ》さんの仕事《しごと》のなかでも、最《もっと》も人気《にんき》のある作品群《さくひんぐん》といえるでしょう。その魅《み》力《りょく》について井上《いのうえ》さんに語《かた》った夕《ゆう》べ、私《わたし》は、戸田城聖先生《とだじょうせいせんせい》（創価《そうか》学会《がっかい》第二代《だいにだい》会長《かいちょう》）から「歴史《れきし》だけは真摯《しんし》な姿勢《しせい》で勉強《べんきょう》せよ」と教《おそ》わったことを伝《つた》えました。

すると、井上《いのうえ》さんは、うなずいて一言《ひとこと》、ぽつりと「歴史《れきし》は一《いち》番《ばん》こわいものです」と。

孔子《こうし》を通《とお》して、井上《いのうえ》さんが、その「一番《いちばん》こわい」歴史《れきし》に挑《いど》み、後世《こうせい》に残《のこ》そうとされたものは何《なん》であったか。それは――人類発《じんるいはっ》展《てん》の機軸《きじく》は「師弟《してい》」という人間性《にんげんせい》の触発《しょくはつ》である――という、井《いの》上《うえ》さんの洞察《どうさつ》であり、未来《みらい》へのメッセージではなかったかと、私《わたし》は思《おも》います。

※井上靖／池田大作『四季の雁書』、『池田大作全集』第十七巻所収、聖教新聞社

七十四歳《さい》の言葉《ことば》

古代《こだい》ギリシャの哲学者《てつがくしゃ》プラトンがペンを握《にぎ》りながら死《し》んだ、という逸話《いつわ》は有名《ゆうめい》ですが、浮世絵師《うきよえし》の葛飾北斎《かつしかほくさい》もまた、八十八歳《さい》で亡《な》くなるいまわのきわまで、絵筆《えふで》を手《て》にし続《つづ》けたといっても過言《かごん》ではありません。その北斎《ほくさい》が、七十五歳《さい》の時《とき》に刊行《かんこう》した有名《ゆうめい》な絵本《えほん》『富嶽百景《ふがくひゃっけい》』に、次《つぎ》のような意味《いみ》のことを記《しる》しています。

すなわち――自分《じぶん》は六歳《さい》の頃《ころ》から物《もの》の形《かたち》を写《うつ》すのが大好《だいす》きで、五十ぐらいから、世間《せけん》に評判《ひょうばん》になるものを数多《かずおお》く残《のこ》してきたが、七十歳《さい》ぐらいまでの作品《さくひん》は、とるに足《た》りない。七十三歳《さい》にして、鳥《とり》や獣《けもの》、虫《むし》、魚《さかな》などの姿《すがた》かたち、草木《くさき》の育《そだ》ち方《かた》をどうとらえるかの勘《かん》どころが、ようやく分《わ》かってきた。そういうわけだから、八十歳《さい》になれば、ひとかどの線《せん》にまで進《すす》むであろうし、九十歳《さい》になれば、その道《みち》の奥義《おうぎ》を極《きわ》め、百歳《さい》では、人間離《にんげんばな》れした神技《しんぎ》の域《いき》に達《たっ》するであろう。さらに百十歳《さい》になれば、どこからみても、そのものをつくり、あたかも生《い》きているかのような写生《しゃせい》をものにすることができるであろう、と。※

七十四歳《さい》の時《とき》の言葉《ことば》といわれますが、〝人生《じんせい》五十年《ねん》〟といわれた時代《じだい》、そして、すでに並《なら》ぶものなき大家《たいか》といわれながら、

富嶽三十六景・神奈川沖浪裏　　提供：アフロ

自己《じこ》の画風完成《がふうかんせい》を百十歳《さい》あまりとして、なおいっそうの精進《しょうじん》への決意《けつい》を披瀝《ひれき》しているのです。

この北斎《ほくさい》の言葉《ことば》に感動《かんどう》したフランスの大彫刻家《だいちょうこくか》ロダンは、「優《すぐ》れた頭脳《ずのう》になると生存《せいぞん》の最終端《さいしゅうたん》に至《いた》るまで自分《じぶん》を育《そだ》て自分《じぶん》を豊《ゆた》かにしてゆき得るものだ」※※との賛嘆《さんたん》を寄《よ》せています。

芸術《げいじゅつ》に限《かぎ》らず、およそあらゆる分野《ぶんや》における修業《しゅぎょう》というものには、「これまで」という終点《しゅうてん》はないといえるでしょう。むしろ努力《どりょく》を重《かさ》ねるほど、完成《かんせい》という終極《しゅうきょく》への道程《どうてい》は遠《とお》く険《けわ》しく思《おも》われてくるのが、創造《そうぞう》という営《いとな》みの厳《きび》しさであり宿命《しゅくめい》であるとはいえないでしょうか。

人生《じんせい》は、最後《さいご》の一瞬《いっしゅん》まで、建設《けんせつ》の連続《れんぞく》でありたいものです。この心構《こころがま》えを生涯《しょうがい》持《も》ち続《つづ》けたかどうかが、その人《ひと》の人生《じんせい》の価値《かち》を決定《けってい》する、とさえ私《わたし》は思《おも》います。この道《みち》ひとすじと自《みずか》らが決《き》めたわが人生《じんせい》をどこまでもひたすらに生《い》きぬいていく。常《つね》に人《じん》生《せい》の前進《ぜんしん》、人生《じんせい》の成長《せいちょう》を続《つづ》けていく。そこに、人間《にんげん》としての証《あか》しがあり、尊《とうと》さがあるといえるのではないでしょうか。

※矢代静一『画狂人・北斎考』PHP研究所、参照

※※高田博厚・菊池一雄編『ロダンの言葉抄』高村光太郎訳、岩波書店

働《はたら》き盛《ざか》り

フランスの政治家《せいじか》で作家《さっか》だったヴィクトル・ユゴーが、大作《たいさく》『レ・ミゼラブル』を完成《かんせい》させたのは、五十九歳《さい》の時《とき》だったといいます。ルイ・ナポレオンの独裁《どくさい》に反対《はんたい》して弾圧《だんあつ》され、亡命《ぼうめい》生活《せいかつ》のなかで出版《しゅっぱん》したのです。

さらに亡命中《ぼうめいちゅう》の六十六歳《さい》の時《とき》には、こんな一文《いちぶん》を手紙《てがみ》に綴《つづ》っています。

「おお！　私《わたし》が老《お》いることなく、かえって、若《わか》く、成長《せいちょう》を続《つづ》けるということは、何《なに》より、素晴《すば》らしき魂《たましい》の証明《しょうめい》ではないか！

ヴィクトル・ユゴー　　　　　　　　　　　　提供：アフロ

私《わたし》の肉体《にくたい》は衰《おとろ》えるが、私《わたし》の思想《しそう》はいよいよ成熟《せいじゅく》する！　私《わたし》の老《お》いの姿《すがた》のなかにこそ、むしろ思想《しそう》の開花《かいか》が存在《そんざい》するのだ」※

ユゴーが七十歳《さい》の時《とき》でした。革命後《かくめいご》のパリには、内乱《ないらん》の嵐《あらし》が吹《ふ》き荒《あ》れていました。政府《せいふ》の弾圧《だんあつ》はユゴーの身辺《しんぺん》にもおよび、彼《かれ》はふたたび、かつての亡命《ぼうめい》の地《ち》、ガーンジー島《とう》に避難《ひなん》せざるを得《え》なくなりました。

しかし、孤島《ことう》にあっても、文豪《ぶんごう》は、まったく動《どう》じることなく、むしろその境涯《きょうがい》を楽《たの》しみながら、亡命中《ぼうめいちゅう》の一年《ねん》足《た》らずで、小説《しょうせつ》『九十三年《ねん》』を仕上《しあ》げています。七十代《だい》こそ働《はたら》き盛《ざか》りなのです。

※ André Maurois, *Olympio ou la vie de Victor Hugo*, Hachette.

「もったいない」の心《こころ》

私事《しじ》にわたって恐縮《きょうしゅく》ですが、私《わたし》の母《はは》は、八十歳《さい》で亡《な》くなりました。明治生《めいじう》まれで、貧困《ひんこん》と戦火《せんか》のなかを、多《おお》くの子《こ》どもを育《そだ》ててきた苦労《くろう》のためか、物《もの》を大事《だいじ》にするという点《てん》では、人一倍《ひといちばい》でした。物資《ぶっし》のないときは当然《とうぜん》のことながら、戦後《せんご》、物資《ぶっし》が豊《ほう》富《ふ》になってからも、このよき生活《せいかつ》のリズムは変《か》わることなく残《のこ》されていきました。デパートや商店《しょうてん》の包装紙《ほうそうし》などにしても、一《ひと》つ一《ひと》つきれいに皺《しわ》を伸《の》ばして、たたんで、しまっていました。

子《こ》どもたちが、邪魔《じゃま》になるから捨《す》てるように言《い》っても「もったいない」が口癖《くちぐせ》でした。べつに、これといって定《さだ》まった使《つか》い道《みち》があるわけでもないのに――。いまにして思《おも》えば、その美《うつく》しき律儀《りちぎ》の心《こころ》が、私《わたし》には尊《とうと》く胸《むね》に刻《きざ》まれて離《はな》れないのです。

戦後《せんご》の高度成長期《こうどせいちょうき》の消費《しょうひ》ブームのなかで、人々《ひとびと》は物《もの》を大切《たいせつ》にするという習慣《しゅうかん》を失《うしな》ってしまいました。その結果《けっか》、知《し》らず知《し》らずのうちに、物《もの》を愛《あい》し大切《たいせつ》にしようとする心《こころ》まで、どこかに置《お》き忘《わす》れてしまいました。物質文明《ぶっしつぶんめい》の破綻《はたん》は、あたかも硬貨《こうか》の表《おもて》と裏《うら》のように、人々《ひとびと》の心《こころ》の荒廃《こうはい》をもたらし、社会《しゃかい》の乱《みだ》れを増幅《ぞうふく》させています。

母・一《いち》を背負う著者（1975年　静岡）　写真：聖教新聞社

課題《かだい》は身近《みぢか》にあります。質素《しっそ》な住《す》まいでもいいのです。その小《ちい》さな〝わが城《しろ》〟を、自分《じぶん》の生活《せいかつ》と人生《じんせい》を支《ささ》える心豊《こころゆた》かな場《ば》として、大切《たいせつ》にしていきたいということです。

家具《かぐ》一《ひと》つ取《と》り上《あ》げてみても、自分《じぶん》が長年《ながねん》使《つか》い慣《な》れてきたものには、多少旧式《たしょうきゅうしき》になっても、断《た》ちがたい愛着《あいちゃく》を感《かん》ずるものです。その感触《かんしょく》を大事《だいじ》にしていきたいと思《おも》うのです。

原点《げんてん》への旅《たび》

ゲーテの名作《めいさく》『ファウスト』は、ダンテの『神曲《しんきょく》』と並《なら》んで、世界《せかい》の哲学的文学《てつがくてきぶんがく》の最高峰《さいこうほう》に位置《いち》するといわれます。それは、まことに難解《なんかい》ですが、私《わたし》も若《わか》いころから何《なん》となく身《み》から離《はな》すことのできなかった一書《いっしょ》でした。

周知《しゅうち》のように『ファウスト』は、戯曲《ぎきょく》の形《かたち》をとった文学《ぶんがく》です。驚《おどろ》くべきことにゲーテは、その着手《ちゃくしゅ》から完成《かんせい》まで六十年《ねん》という歳月《さいげつ》を費《つい》やしており、八十二歳《さい》で亡《な》くなる寸前《すんぜん》まで筆《ふで》をとり続《つづ》けています。途中《とちゅう》の二十年《ねん》ほどは、他《た》の仕事《しごと》――ゲーテは、ザクセン・ワイマール公国《こうこく》の大臣《だいじん》として、政治《せいじ》に携《たずさ》わるなどしていますー―に忙殺《ぼうさつ》されて手《て》をつけられなかった時期《じき》がありますが、それにしても大変《たいへん》な持続力《じぞくりょく》の結晶《けっしょう》です。『ファウスト』は、〝持続《じぞく》は力《ちから》なり〟という古今《ここん》の鉄則《てっそく》の、芸術上《げいじゅつじょう》からなされた見《み》事《ごと》な裏付《うらづ》けといえましょう。

ファウストは、十六世紀《せいき》のドイツの宗教改革者《しゅうきょうかいかくしゃ》ルターなどと同時代《どうじだい》を生《い》きた、実在《じつざい》の人物《じんぶつ》です。多少《たしょう》いかがわしいところはあったらしいが、医学《いがく》、芸術《げいじゅつ》、数学《すうがく》、哲学《てつがく》を究《きわ》めていた伝説的《でんせつてき》な人物《じんぶつ》であり学者《がくしゃ》であったといわれます。

ゲーテ　　提供：アフロ

ゲーテ以前《いぜん》にも、イギリスの劇作家《げきさっか》マーローなどが、この人物《じんぶつ》を描《えが》いていますが、内容的《ないようてき》には物足《ものた》りなさが残《のこ》るといわれています。そのファウスト伝説《でんせつ》を本格的《ほんかくてき》に取《と》り上《あ》げ、掘《ほ》り下《さ》げ、見事《みごと》な芸術性《げいじゅつせい》と哲学性《てつがくせい》の輪郭《りんかく》を与《あた》えたのが、ゲーテです。主人公《しゅじんこう》のファウスト博士《はかせ》の死《し》に至《いた》るまでの魂《たましい》の遍歴《へんれき》には、ゲーテ自身《じしん》の胸中《きょうちゅう》の思《おも》いの一切《いっさい》が託《たく》されていたと、私《わたし》は思《おも》います。

ゲーテが、この畢生《ひっせい》の大著《たいちょ》に着手《ちゃくしゅ》したのは弱冠《じゃっかん》二十三歳《さい》の時《とき》といわれています。

この壮大《そうだい》なドラマには、個人《こじん》と社会《しゃかい》、宇宙《うちゅう》との関連性《かんれんせい》を主軸《しゅじく》にした「生《せい》」のあらゆる多様《たよう》な局面《きょくめん》が網羅《もうら》されているといってよく、その意味《いみ》で『ファウスト』は、青春時代《せいしゅんじだい》の原点《げんてん》を、生涯《しょうがい》をかけて深《ふか》め続《つづ》けたゲーテの激《はげ》しい一生《いっしょう》を象徴《しょうちょう》する大著《たいちょ》でした。それは『ファウスト』を書《か》き終《お》えたとき、〝私《わたし》の今後《こんご》の命《いのち》はすべて贈《おく》り物《もの》と考《かんが》えたい〟としていることからも、はっきりと伺《うかが》い知《し》ることができます。

ゲーテに限《かぎ》らず、芸術家《げいじゅつか》であれ、思想家《しそうか》であれ、指導者《しどうしゃ》であれ、多《おお》くの一流《いちりゅう》の人物《じんぶつ》というものは、その人《ひと》の人生《じんせい》を決定《けってい》づけたそれぞれの不動《ふどう》の原点《げんてん》、光源《こうげん》を、生涯《しょうがい》、胸中《きょうちゅう》に抱《いだ》いているものです。

彼《かれ》らの一生《いっしょう》は、ある意味《いみ》で、その原点《げんてん》を確認《かくにん》し、行動《こうどう》のなかで実証《じっしょう》していった「原点《げんてん》への旅《たび》」であったといえます。その「一《いち》もって貫《つらぬ》く」信念《しんねん》の翼《つばさ》が、彼《かれ》らを人間《にんげん》としての偉大《いだい》さの高《たか》みにまで運《はこ》んだのだということを、けっして忘《わす》れてはいけないと思《おも》うのです。

三十七　星霜《せいそう》

長《なが》い間《あいだ》、苦楽《くらく》の道程《どうてい》を共《とも》にしてきた夫婦《ふうふ》の間《あいだ》には、何《なに》ものをも断《た》ち切《き》ることのできない深《ふか》い絆《きずな》が培《つちか》われているものです。

それは若《わか》い夫婦《ふうふ》にみられるような、直接的《ちょくせつてき》な愛情《あいじょう》ではない。というよりも、愛情《あいじょう》という言葉《ことば》では覆《おお》いつくすことのできない、深《ふか》く広《ひろ》い運命共有《うんめいきょうゆう》の力《ちから》があります。私《わたし》はそうした老夫婦《ろうふうふ》を、数《かず》多《おお》く見《み》てきましたが、そこには、何《なん》ともいえぬ満《み》ち足りた雰囲《ふんい》気《き》がかもしだされています。

後悔《こうかい》もなければ不満《ふまん》もない。老《お》いの繰《く》り言《ごと》なども、その人《ひと》たちには無縁《むえん》です。けっして恵《めぐ》まれた境遇《きょうぐう》にあったとはいえない人《ひと》も多《おお》いのに、表情《ひょうじょう》に陰《かげ》がありません。人生《じんせい》の坂《さか》を共《とも》に歩《あゆ》みぬいてきた人《ひと》のみが持《も》つ、悠々《ゆうゆう》たる自足《じそく》の感情《かんじょう》が、やがては迫《せま》りくるであろう別離《べつり》のときをも包《つつ》み込《こ》んでしまっているのです。

以前《いぜん》、森鷗外《もりおうがい》の『じいさんばあさん』という小品《しょうひん》を読《よ》んだことがあります。なかなかの佳編《かへん》なのでご存《ぞん》じの方《かた》も多《おお》いと思《おも》いますが、ざっと次《つぎ》のようなストーリーです。※

江戸末期《えどまっき》、麻布竜土町《あざぶりゅうどちょう》のある屋敷《やしき》に、一人《ひとり》のじいさんがやってきて隠居所《いんきょじょ》に入《はい》る。屋敷《やしき》の主《あるじ》の兄《あに》にあたるそうで、髪《かみ》は真《ま》っ

森鷗外　　写真：アフロ

白《しろ》であったが、人品《じんぴん》いやしからず、腰《こし》など少《すこ》しも曲《ま》がっていない。二、三日《にち》すると、そこへばあさんがやってきて同居《どうきょ》する。これも白髪《はくはつ》を小《ちい》さな丸《まる》まげに結《ゆ》って、じいさんに劣《おと》らず品格《ひんかく》がいい。ばあさんがやってきてからは、二人《ふたり》の食《た》べるものを、まるで子《こ》どものままごとのようにこしらえる。仲《なか》の良《よ》いこと無類《むるい》で、近所《きんじょ》の人《ひと》たちは、あれが若《わか》い男女《だんじょ》ならばとても見《み》てはいられまいとか、夫婦《ふうふ》ではなく兄妹《きょうだい》だろうとか噂《うわさ》をし合《あ》う。

じいさんの名《な》は〝美濃部伊織《みのべいおり》〟七十二歳《さい》、ばあさんはその妻《つま》〝るん〟七十一歳《さい》。二人《ふたり》には、実《じつ》は過去《かこ》があった。それぞれ三十歳《さい》、二十九歳《さい》の時《とき》、当時《とうじ》でいえば晩婚《ばんこん》で所帯《しょたい》を持《も》ち、一子《いっし》をもうけるのだが、〝るん〟がまだ妊娠中《にんしんちゅう》に京都《きょうと》に出向《でむ》いていた伊織《いおり》が刃傷沙汰《にんじょうざた》をおこす。

伊織《いおり》は配所《はいしょ》に送《おく》られ、〝るん〟は夫《おっと》の母《はは》と嬰児《えいじ》を抱《かか》え、女手《おんなで》一《ひと》つで生《い》きることを余儀《よぎ》なくされる。やがて姑《しゅうとめ》は世《よ》を去《さ》り、一人息子《ひとりむすこ》も相次《あいつ》いで他界《たかい》するのだが、〝るん〟はひたすら夫《おっと》を信《しん》じてたくましく生《い》き続《つづ》ける。その間《かん》、三十七星霜《せいそう》。伊織《いおり》の赦免《しゃめん》を聞《き》いた〝るん〟は、故郷《ふるさと》の安房《あわ》から喜《よろこ》んで出《で》てきて、三十数年《すうねん》ぶりの再会《さいかい》となるのである。

鷗外《おうがい》はこのなかで、余計《よけい》な心理描写《しんりびょうしゃ》などは、何《なに》ひとつしていません。また三十七年間《ねんかん》の苦労話《くろうばなし》めいたものも皆無《かいむ》です。それだけに、再会後《さいかいご》の老夫婦《ろうふうふ》の仲《なか》むつまじさが、いっそう際立《きわだ》ってくるのです。

伊織《いおり》の身《み》にも、〝るん〟の身《み》にも、激浪《げきろう》に次《つ》ぐ激浪《げきろう》が襲《おそ》いかかっていたであろうことは、想像《そうぞう》にあまりあります。

それらに耐《た》え抜《ぬ》き、愚痴《ぐち》や恨《うら》みに足《あし》をすくわれぬことを掟《おきて》としてきた者《もの》のみの持《も》つ満足《まんぞく》の晩年《ばんねん》――。文豪《ぶんごう》の筆《ふで》は、さすがに見事《みごと》です。

固定《こてい》、安定《あんてい》して、何《なに》も風波《ふうは》がないのが幸福《こうふく》かというと、けっしてそうではありません。波瀾《はらん》と苦悩《くのう》に遭《あ》い、それらを夫婦《ふうふ》で乗《の》り越《こ》えたという喜《よろこ》びの共有《きょうゆう》が、二《ふた》つの心《こころ》を固《かた》く結《むす》びつけるのです。

※『鷗外全集』第十六巻所収、岩波書店、参照

花《はな》のごとく――負《ま》けない生命《せいめい》

イタリアのロベルト・ロンギ美術史研究財団《びじゅつしけんきゅうざいだん》のミーナ・グレゴリー会長《かいちょう》は、長年《ながねん》、若《わか》き美《び》の探究者《たんきゅうしゃ》たちを育成《いくせい》されてきた芸《げい》術《じゅつ》の母《はは》です。会長《かいちょう》は私《わたし》に語《かた》られました。『芸術《げいじゅつ》』は、生活《せいかつ》を潤《うるお》し、人生《じんせい》を豊《ゆた》かにする不可欠《ふかけつ》の宝《たから》です」と。

そして、「モノ」や「計算《けいさん》」や「利害《りがい》」が中心《ちゅうしん》となった殺伐《さつばつ》たる時代《じだい》を打《う》ち破《やぶ》るために、芸術《げいじゅつ》がもっと多《おお》くの人生《じんせい》に深《ふか》く入《はい》っていくべきだと言《い》われるのです。

「花《はな》の都《みやこ》」という名《な》を持《も》ったフィレンツェのシンボルの一《ひと》つ

「花の都」フィレンツェ　　写真：アフロ

である ヴェッキオ宮殿《きゅうでん》は、天井《てんじょう》や壁《かべ》、柱《はしら》まで絵画《かいが》や彫刻《ちょうこく》が配《はい》されるる美《び》の殿堂《でんどう》であり、しかも中世《ちゅうせい》から政治《せいじ》の中枢《ちゅうすう》となってきました。現在《げんざい》も市庁舎《しちょうしゃ》として使《つか》われています。

その広間《ひろま》の一角《いっかく》にさりげなく飾《かざ》られているのが、大芸術家《だいげいじゅつか》ミケランジェロの「勝利《しょうり》」の像《ぞう》です。

数々《かずかず》の迫害《はくがい》と苦難《くなん》に勝《か》って、八十八歳《さい》まで生《い》き抜《ぬ》き、不滅《ふめつ》の名作《めいさく》をつくり上《あ》げた彼《かれ》は、毅然《きぜん》と断言《だんげん》しました。

「わたしは自分《じぶん》の今《いま》あるもろもろの条件《じょうけん》の下《もと》で最善《さいぜん》をつくすだけだ」※

今《いま》いる場所《ばしょ》で、いかなる苦難《くなん》もはね返《かえ》して偉大《いだい》な価値《かち》の創造《そうぞう》をしていく「負《ま》けない生命《せいめい》」こそ、最高《さいこう》の人間芸術《にんげんげいじゅつ》でしょう。

それは、フィレンツェの紋章《もんしょう》の百合《ゆり》の花《はな》のごとく、何《なに》にも汚《けが》されない清《きよ》らかな花《はな》です。

この「花《はな》の心《こころ》」から、「花《はな》の人生《じんせい》」が広《ひろ》がり、「花《はな》の都《みやこ》」が輝《かがや》いていくのではないでしょうか。

わが街《まち》は、「花《はな》の都《みやこ》」なり——。

同《おな》じ暮《く》らすのであれば、人《ひと》それぞれに、自分《じぶん》たちが生《い》きる地《ち》域《いき》を「花《はな》の都《みやこ》」と誇《ほこ》りにして、「花《はな》の人生《じんせい》」を飾《かざ》っていきたいものです。

たとえ、少々地味《しょうしょうじみ》な街並《まちな》みで、一見平凡《いっけんへいぼん》な生活《せいかつ》であったとしても、誰《だれ》もが心一《こころひと》つで、明《あか》るい対話《たいわ》の花《はな》も、楽《たの》しい友情《ゆうじょう》の花《はな》も、豊《ゆた》かな文化《ぶんか》の花《はな》も、生《い》き生《い》きと咲《さ》かせていけるはずです。

※『ミケランジェロの手紙』杉浦明平訳、岩波書店

美《うつく》しい夕焼《ゆうや》け

人生《じんせい》の晩年《ばんねん》の輝《かがや》きは、燃《も》え立《た》つばかりの紅葉《こうよう》や、荘厳《そうごん》な夕日《ゆうひ》の光景《こうけい》にたとえられます。西《にし》の空《そら》が真《ま》っ赤《か》に染《そ》まる美《うつく》しい夕焼《ゆうや》け、その翌日《よくじつ》は、晴天《せいてん》になることが多《おお》いといいます。

誰《だれ》もが、いつかは死《し》を迎《むか》えます。この瞬間《しゅんかん》、地球上《ちきゅうじょう》にいる数《すう》十億《おく》の人類《じんるい》も、百年後《ねんご》には、ほとんど残《のこ》っていないでしょう。これは、どうしようもない厳粛《げんしゅく》な事実《じじつ》です。

この現実《げんじつ》を深刻《しんこく》に自覚《じかく》すれば、時間《じかん》を無駄《むだ》にはできない。長《なが》いようで短《みじか》い人生《じんせい》を、最高《さいこう》に価値《かち》あらしめるためには、何《なに》をなすべきか——。

何千人《なんぜんにん》という人《ひと》の臨終《りんじゅう》に立《た》ち会《あ》ってきた、ある看護師《かんごし》さんが、こう言《い》っていました。

「人生《じんせい》の最期《さいご》に、パーッと、パノラマのように自分《じぶん》の人生《じんせい》が思《おも》い出《だ》されるようです。その中身《なかみ》は、自分《じぶん》が社長《しゃちょう》になったとか、商売《しょうばい》がうまくいったとかではなくて、自分《じぶん》がどんなふうに生《い》きてきたか、誰《だれ》をどんなふうに愛《あい》したか、優《やさ》しくしたか、どんなふうに冷《つめ》たくしたか。自分《じぶん》の信念《しんねん》を貫《つらぬ》いた満足感《まんぞくかん》とか、裏切《うらぎ》った傷《きず》とか、そういう『人間《にんげん》として』の部分《ぶぶん》が、ぐわぁーと迫《せま》ってくる」

どういう「死《し》」を迎《むか》えるか、ということは、実《じつ》は、どのように今《いま》の人生《じんせい》を生《い》きるか、ということにほかなりません。

人《ひと》は生《い》きている間《あいだ》、努力《どりょく》できる。自分《じぶん》を変《か》えていくことができる。だからこそ、生《い》きている間《あいだ》に、永遠《えいえん》に輝《かがや》く「福徳《ふくとく》」を積《つ》んでいくことが大切《たいせつ》なのではないでしょうか。

笑顔《えがお》

笑顔《えがお》はいわば、
ふくよかに香《かお》る心《こころ》の花《はな》でしょう。
また、互《たが》いを温《あたた》かく結《むす》ぶ、
開《ひら》かれた〝心《こころ》の扉《とびら》〟であり、
〝心《こころ》の窓《まど》〟でもあります。

扉《とびら》の閉《し》まった家《いえ》には入《はい》りようがないし、
日《ひ》がさす窓《まど》のない部屋《へや》は、
まるで独房《どくぼう》です。
そうした意味《いみ》で、
笑顔《えがお》は、幸福《こうふく》の結果《けっか》というよりも、
むしろ原因《げんいん》だともいえるでしょう。

中《ちゅう》天《てん》に立《た》つ

喜《き》寿《じゅ》の心《こころ》

健康長寿《けんこうちょうじゅ》のエネルギー

洋画家《ようがか》の辻永画伯《つじひさしがはく》は、八十歳《さい》で、脳血栓《のうけっせん》で倒《たお》れられた後《あと》も、記憶力《きおくりょく》が素晴《すば》らしかったようです。その理由《りゆう》を尋《たず》ねられて画伯《がはく》はこう言《い》われています。

「私《わたし》の記憶力《きおくりょく》が、もし優《すぐ》れているとすれば、それは頭《あたま》がよいからでなく、私《わたし》は日本人《にほんじん》の誰《だれ》よりも努力《どりょく》して覚《おぼ》えようとしたからだ※」

人《ひと》の名前《なまえ》を思《おも》い出《だ》せないときは、ア行《ぎょう》のアから、ワ行《ぎょう》の最後《さいご》まで、順繰《じゅんぐ》りに「言葉《ことば》さがし」をされました。

辻永 作「無花果畑（いちじくばたけ）」　提供：水戸市立博物館

「頭《あたま》がぼけてしまわないように、毎朝目《まいあさめ》がさめたら、庭《にわ》にある百種以上《しゅいじょう》の草花《くさばな》を思《おも》い出《だ》し、それを漢字《かんじ》で書《か》いて、花《はな》の名《な》と漢字《かんじ》を忘《わす》れないように努力《どりょく》した」※ともおっしゃっています。

いくつになっても、伸《の》びよう、前進《ぜんしん》しようとしている人《ひと》は美《うつく》しい。何《なん》でもいい、挑戦《ちょうせん》していこうという心《こころ》が、尊《とうと》い。それが、健康長寿《けんこうちょうじゅ》のエネルギーとなるのでしょう。

※日野原重明『死をどう生きたか――私の心に残る人びと』中央公論社

最初《さいしょ》の誕生日《たんじょうび》

アメリカの著名《ちょめい》な経済学者《けいざいがくしゃ》のガルブレイス博士《はかせ》は、私《わたし》の大切《たいせつ》な友人《ゆうじん》でした。〝どうすれば皆《みな》が幸《しあわ》せになれるか〟を探究《たんきゅう》してこられた「真《しん》の学者《がくしゃ》」です。

表面的《ひょうめんてき》な幸《しあわ》せや、経済面《けいざいめん》だけの繁栄《はんえい》の姿《すがた》ではなく、一人一人《ひとりひとり》の人間《にんげん》の「満足《まんぞく》」という実感《じっかん》に光《ひかり》を当《あ》てられたことは卓見《たっけん》でしょう。

大切《たいせつ》なのは〝自他《じた》ともの満足《まんぞく》〟なのです。

その追求《ついきゅう》のなかにこそ、人生《じんせい》の輝《かがや》きがあり、誰《だれ》もが真《しん》に安心《あんしん》

ケネス・ガルブレイス　　写真：アフロ

して幸福《こうふく》に暮《く》らせる社会《しゃかい》、そして長命《ちょうめい》であることを心《こころ》の底《そこ》から寿《ことほ》ぐことができる社会《しゃかい》を築《きず》く道《みち》があると思《おも》います。

一九九〇年《ねん》にお会《あ》いしたときに、博士《はかせ》が言《い》われた言葉《ことば》が今《いま》でも忘《わす》れられません。

「私《わたし》は今度《こんど》、八十二歳《さい》になりますが、それを私《わたし》にとって〝最《さい》初《しょ》の誕生日《たんじょうび》〟と思《おも》うつもりです。人《ひと》は年《とし》をとればとるほど、ますます学《まな》んでいくべきだと信《しん》ずるからです」

常《つね》に始《はじ》まりでありたい、どこまでも向上《こうじょう》の人生《じんせい》を――この博《はか》士《せ》の清新《せいしん》なる決意《けつい》に、心《こころ》が洗《あら》われるようでした。

健康《けんこう》の四原則《よんげんそく》

具体的《ぐたいてき》な健康《けんこう》の
四原則《よんげんそく》について提案《ていあん》しますと、
第一《だいいち》に「よく眠《ねむ》ること」です。
第二《だいに》に「よく歩《ある》くこと」です。

第三《だいさん》に「怒《おこ》らないこと」です。
第四《だいよん》に「食《た》べ過《す》ぎないこと」です。
いずれも簡単《かんたん》なことのようですが、
大切《たいせつ》な基本《きほん》です。

さあ、仕事《しごと》を続《つづ》けよう！

一流《いちりゅう》の人物《じんぶつ》は、どこが違《ちが》うのでしょうか。その根本《こんぽん》は、自分《じぶん》の死後《しご》を考《かんが》え、そこから発想《はっそう》して行動《こうどう》していることではないかと私《わたし》は思《おも》います。

「二十世紀最大《せいきさいだい》の歴史家《れきしか》」と評《ひょう》されたアーノルド・トインビー博士《はかせ》とは、二年越《ねんご》しで（一九七二年《ねん》と七三年《ねん》）、対談《たいだん》を行《おこな》いました。合《あ》わせて四十時間《じかん》に及《およ》びました。

冒頭《ぼうとう》、私《わたし》が挨拶《あいさつ》をすると、博士《はかせ》は、あの温顔《おんがん》に真剣《しんけん》な表情《ひょうじょう》をたたえて言《い》われました。

「ミスター池田《いけだ》、私《わたし》も長《なが》い間《あいだ》、この機会《きかい》を待《ま》っていました。私《わたし》もまた、来《きた》るべき世紀《せいき》に照準《しょうじゅん》を当《あ》てて、物事《ものごと》を考《かんが》えております。未来《みらい》において、私《わたし》はもちろんのこと、あなたさえもこの世《よ》からいなくなり、さらに長《なが》いときを経《へ》たような時代《じだい》に、この世界《せかい》は一体《いったい》どうなっているだろうか——このことに私《わたし》は大《おお》きな関心《かんしん》を寄《よ》せているのです」

そして決然《けつぜん》と続《つづ》けられました。「やりましょう！ 二十一世《せい》紀《き》の人類《じんるい》のために、語《かた》り継《つ》ぎましょう」

当時《とうじ》、博士《はかせ》は八十三歳《さい》でした。その三年前《ねんまえ》の一九六九年《ねん》、博《はか》士《せ》から手紙《てがみ》が届《とど》きました。

「……私個人《わたしこじん》として、あなたをロンドンにご招待《しょうたい》し、二人《ふたり》で人類《じんるい》の直面《ちょくめん》する基本的《きほんてき》な諸問題《しょもんだい》について対談《たいだん》をしたいと希望《きぼう》します」

博士《はかせ》は来日《らいにち》しようとも考《かんが》えられましたが、少《すこ》し前《まえ》の心臓発作《しんぞうほっさ》のために、長途《ちょうと》の旅行《りょこう》は不可能《ふかのう》でした。こうして、私《わたし》は五月《がつ》の緑《みどり》したたるロンドンに伺《うかが》うことになりました。

オークウッド・コートにある博士《はかせ》の自宅《じたく》。深《ふか》みのある赤《あか》レンガのフラット式《しき》アパート。毎日《まいにち》、博士《はかせ》ご夫妻《ふさい》の住《す》む五階《かい》までエレベーターで昇《のぼ》りました。ご夫妻《ふさい》がいつも笑顔《えがお》で迎《むか》え入《い》れてく

著者とアーノルド・トインビー（1973年　イギリス・ロンドン）

写真：聖教新聞社

だった、あの質素《しっそ》な応接間《おうせつま》が懐《なつ》かしい。

「二十世紀《せいき》最大《さいだい》の歴史家《れきしか》」は、独創的《どくそうてき》な学者《がくしゃ》にありがちな傲《ごう》慢《まん》の影《かげ》もなかった。懐《ふところ》の深《ふか》い、謙虚《けんきょ》そのものの人柄《ひとがら》でした。

博士《はかせ》には知性《ちせい》の延長《えんちょう》としての宗教的信念《しゅうきょうてきしんねん》がありました。自然《しぜん》が真空《しんくう》を嫌《きら》うように、精神《せいしん》も無宗教《むしゅうきょう》ではいられない。たとえば近代社会《きんだいしゃかい》は一見《いっけん》、非宗教的《ひしゅうきょうてき》に見《み》えるが、かつての宗教《しゅうきょう》が占《し》めていた場所《ばしょ》に、現世的《げんせてき》な三大宗教《だいしゅうきょう》「科学信仰《かがくしんこう》」「ナショナリズム（集団力《しゅうだんりょく》への崇拝《すうはい》）」「共産主義《きょうさんしゅぎ》」が入《はい》り込《こ》んでいるのだと指摘《してき》されました。

博士《はかせ》の偉大《いだい》な学問《がくもん》の根底《こんてい》には、常《つね》に博士《はかせ》の「人間《にんげん》」がありました。虐《しいた》げられた人《ひと》の味方《みかた》であり、「苦悩《くのう》を通《とお》して智《ち》はきたる」（アイスキュロス）を、個人《こじん》の人生《じんせい》でも人類史《じんるいし》でも真実《しんじつ》とされました。

高等宗教《こうとうしゅうきょう》という知恵《ちえ》も、文明《ぶんめい》の解体期《かいたいき》に、「最《もっと》も虐《しいた》げられた人々《ひとびと》」からこそ生《う》まれたことを強調《きょうちょう》されたのです。

「今《いま》、博士《はかせ》が最《もっと》もなさりたいことは何《なん》でしょうか」

「私《わたし》たちが今《いま》、この部屋《へや》でしているようなことです。つまり、ここでの私《わたし》たちの対話《たいわ》が意味《いみ》するものは、人類全体《じんるいぜんたい》を一《ひと》つの大《だい》

ロンドンの自宅で机に向かうトインビー（1973年）　写真：聖教新聞社

家族《かぞく》として結束《けっそく》させようという努力《どりょく》です」

補聴器《ほちょうき》をつけ、心臓《しんぞう》に病《やまい》をかかえながら、毎日《まいにち》、朝《あさ》から夕方《ゆうがた》まで、渾身《こんしん》の気迫《きはく》で長時間《ちょうじかん》の対談《たいだん》を続《つづ》けられました。何《なん》としても遺言《ゆいごん》を残《のこ》しておくのだ、との強《つよ》い強《つよ》い一念《いちねん》に私《わたし》は打《う》たれました。対談《たいだん》の出版《しゅっぱん》についてもいったんは辞退《じたい》したのですが、博士《はかせ》の「ぜひ後世《こうせい》に残《のこ》してもらいたい」との強《つよ》い意向《いこう》には逆《さか》らえませんでした。

お別《わか》れした翌年《よくねん》、病床《びょうしょう》につかれ、その翌秋《よくしゅう》、八十六歳《さい》で逝《ゆ》かれました。

今《いま》、対談集《たいだんしゅう》『二十一世紀《せいき》への対話《たいわ》』（英語版《えいごばん》『生《せい》への選択《せんたく》』）は、二十九言語《げんご》で出版《しゅっぱん》されています。

訪《おとず》れた国《くに》で、思《おも》いがけない人《ひと》から読後感《どくごかん》を聞《き》かせていただき、驚《おどろ》くことも多《おお》くあります。博士《はかせ》の最晩年《さいばんねん》の思想《しそう》が世界《せかい》の人々《ひとびと》に伝《つた》わっていくことは、博士《はかせ》の真情《しんじょう》を知《し》る一人《ひとり》として、こよなくうれしい。

「私《わたし》のモットーは、ラテン語《ご》で『ラボレムス』すなわち『さあ、仕事《しごと》を続《つづ》けよう』です。西暦《せいれき》二一一年《ねん》、南国《なんごく》生まれのローマ皇帝《こうてい》セヴェルスは、厳寒《げんかん》のイングランド北部《ほくぶ》へ遠征中《えんせいちゅう》、病《やまい》に倒《たお》れました。

しかし死期《しき》を悟《さと》りながらも彼《かれ》は、なお仕事《しごと》を続《つづ》けようとしました。まさに死《し》なんとするその日《ひ》も、人々《ひとびと》に指針《ししん》を与《あた》えるという指導者《しどうしゃ》の責任《せきにん》を果《は》たそうとしたのです。その日《ひ》、彼《かれ》が自軍《じぐん》に与《あた》えた言葉《ことば》がこれです」

死《し》をも超《こ》えて前《まえ》へ、そして前《まえ》へ——短《みじか》い有限《ゆうげん》の人生《じんせい》を〝永遠《えいえん》の実在《じつざい》〟に結《むす》び付《つ》けようという、博士《はかせ》の生《せい》の鼓動《こどう》が、そこにありました。

私《わたし》は思《おも》います。社会《しゃかい》の指導者《しどうしゃ》が、少《すこ》しでもよい、一時《いっとき》でもよい、自分《じぶん》の死後《しご》に真剣《しんけん》に思《おも》いをめぐらし、そこから「今《いま》、何《なに》をなすべきか」を考《かんが》えたならば、その日《ひ》から、世界《せかい》はどんなにか素晴《すば》らしく変《か》わるでしょうか。

「さあ、仕事《しごと》を続《つづ》けよう！」。私《わたし》の耳《みみ》には今《いま》も、あの日《ひ》の博士《はかせ》の声《こえ》が聞《き》こえます。

素直《すなお》な心《こころ》

松下電器《まつしたでんき》（現《げん》パナソニック）の創設者《そうせつしゃ》、松下幸之助《まつしたこうのすけ》さんが、私《わたし》どもの会館《かいかん》で芳名録《ほうめいろく》に「素直《すなお》な心《こころ》」と書《か》かれたことが、忘《わす》れられません。「素直《すなお》な心《こころ》」とは私心《ししん》や先入見《せんにゅうけん》にとらわれず、「白《しろ》いものは白《しろ》い。いいものはいい。正《ただ》しいものは正《ただ》しい」と、ありのままに受《う》け入《い》れていく心《こころ》だといいます。

「素直《すなお》な心《こころ》」の一言《ひとこと》に、私《わたし》は、人生《じんせい》と宇宙《うちゅう》の法則《ほうそく》に対《たい》する謙《けん》虚《きょ》な心《こころ》の音律《おんりつ》を感《かん》じたのです。

松下幸之助　　写真：アフロ

「偉《えら》い人《ひと》」と「偉《えら》そうな人《ひと》」とは違《ちが》います。松下《まつした》さんは少《すこ》しも偉《えら》ぶりませんでした。知《し》ったかぶりをされたこともありません。いつも、「それは初《はじ》めて聞《き》きました」「それは考《かんが》えたこともありませんでした」と八十代《だい》にしてなお、旺盛《おうせい》な「求道心《きゅうどうしん》」を持《も》って、話《はなし》をされるのが常《つね》でした。

松下《まつした》さんご夫妻《ふさい》は借家《しゃくや》の四畳半《よじょうはん》でのソケット作《づく》りから始《はじ》め、不況《ふきょう》の波《なみ》や戦後《せんご》の大混乱《だいこんらん》など幾多《いくた》の風雪《ふうせつ》を乗《の》り越《こ》えました。私《わたし》が、いかなる信念《しんねん》で困難《こんなん》を打開《だかい》されたか尋《たず》ねると、こう答《こた》えられました。「その日《ひ》その日《ひ》を精《せい》いっぱいに努力《どりょく》してきたということに尽《つ》きるように思《おも》われます。そして、その過程《かてい》のなかには、常《つね》に希望《きぼう》があって、それが苦労《くろう》とか苦闘《くとう》を感《かん》じさせなかったのではないかと思《おも》っております」と。

自身《じしん》を完全燃焼《かんぜんねんしょう》させ、その時々《ときどき》の自《みずか》らの課題《かだい》に懸命《けんめい》に取《と》り組《く》む人《ひと》にとっては、〝苦闘《くとう》〟などという思《おも》いはない。あえていえば〝敢闘《かんとう》〟といえるかもしれません。

松下《まつした》さんは、青年《せいねん》にも勝《まさ》る灼熱《しゃくねつ》の心《こころ》を持《も》っておられました。会社《かいしゃ》の経営《けいえい》を後継者《こうけいしゃ》に託《たく》した後《あと》も、「二十一世紀《せいき》の日本《にほん》」を深《ふか》く憂《うれ》い、どうすべきかを真剣《しんけん》に考《かんが》えられ、人《ひと》と語《かた》り合《あ》い、本《ほん》を出版《しゅっぱん》し、多《おお》くの青年《せいねん》を育《そだ》てられていました。

逝去《せいきょ》の前年《ぜんねん》（一九八八年《ねん》、松下氏《まつしたし》九十三歳《さい》）、還暦《かんれき》を迎《むか》えた私《わたし》に、心温《こころあたた》まる祝詞《しゅくし》をいただきました。

「お健《すこ》やかに、六十歳《さい》のお誕生日《たんじょうび》をお迎《むか》えになられ、心《こころ》からお祝《いわ》い申《もう》し上《あ》げます。先生《せんせい》には、お体《からだ》も、お心《こころ》も、若《わか》さに溢《あふ》れておられ、とてもご還暦《かんれき》には思《おも》われませんが、本日《ほんじつ》を機《き》に、いよいよ真《しん》のご活躍《かつやく》をお始《はじ》めになられる時機到来《じきとうらい》とお考《かんが》えになって頂《いただ》き、もう一《ひと》つ〈創価学会《そうかがっかい》〉をお作《つく》りになられる位《くらい》の心意気《こころいき》で、益々《ますます》ご健勝《けんしょう》にて、世界《せかい》の平和《へいわ》と人類《じんるい》の繁栄《はんえい》・幸福《こうふく》のために、ご尽瘁《じんすい》とご活躍《かつやく》をお祈《いの》り致《いた》します」

「もう一つ《ひと》創価学会《そうかがっかい》を」――松下《まつした》さんらしい気宇壮大《きうそうだい》なお言《こと》葉《ば》でした。

私《わたし》は小説《しょうせつ》『新《しん》・人間革命《にんげんかくめい》』を六十五歳《さい》の時《とき》に書《か》き起《お》こし、二十五年《ねん》を経《へ》て全《ぜん》三十巻《かん》を完結《かんけつ》させることができましたが、そのなかに、松下《まつした》さんとの忘《わす》れ得《え》ぬ語《かた》らいを感謝《かんしゃ》を込《こ》めて綴《つづ》らせていただきました。

松下《まつした》さんは信《しん》じておられた。

「人間《にんげん》も団体《だんたい》もあらゆるものは無限《むげん》に成長《せいちょう》できる！」と。その大確信《だいかくしん》こそ、「素直《すなお》な心《こころ》」を一生涯《いっしょうがい》、貫《つらぬ》き通《とお》した賜物《たまもの》であった。私《わたし》は、そう思《おも》います。

生命《いのち》の火《ひ》

仏典《ぶってん》に「人《ひと》のために灯《ひ》をともせば、
自分《じぶん》の前《まえ》も明《あか》るくなる」とあります。
他《た》の人《ひと》のために、
生命《いのち》の火《ひ》を燃《も》やしていけば、
自分《じぶん》も温《あたた》かくなり、

明《あか》るくなっていきます。
内側《うちがわ》から輝《かがや》いてきます。
その人《ひと》が教養《きょうよう》のある人《ひと》です。
幸《しあわ》せな人《ひと》です。
死《し》や老《お》いを前《まえ》にしても、たじろがない
勇気《ゆうき》を持《も》てる人《ひと》です。

美《うつく》しき銀《ぎん》世《せ》界《かい》

米《べい》寿《じゅ》に贈《おく》る

ホッと明《あか》るくなる方《ほう》へ

私《わたし》の考《かんが》え方《かた》の基本《きほん》は、本人《ほんにん》も周囲《しゅうい》も、「何《なに》があっても驚《おどろ》いてはいけない」ということです。人《ひと》は、暗《くら》い方《ほう》へ、暗《くら》い方《ほう》へと考《かんが》えがちだが、ホッと明《あか》るくなる方《ほう》へ、希望《きぼう》の方向《ほうこう》へ考《かんが》えていくことが大事《だいじ》です。

自然《しぜん》な優《やさ》しさ

人間《にんげん》は、いったい何歳《なんさい》まで元気《げんき》に生《い》きられるのでしょうか？

「将来《しょうらい》は、平均寿命《へいきんじゅみょう》を百十歳《さい》ぐらいまで延《の》ばせるでしょう」

「誰《だれ》もが百歳《さい》、百十歳《さい》までも、病気《びょうき》に苦《くる》しまず、何《なん》の不自由《ふじゆう》もなく生《い》きていく。そうなれると私《わたし》は思《おも》います」

〝現代化学《げんだいかがく》の父《ちち》〟ライナス・ポーリング博士《はかせ》の答《こた》えだけに重《おも》みがありました。

博士《はかせ》によると「人類《じんるい》は病気《びょうき》を予防《よぼう》する方法《ほうほう》を学《まな》び始《はじ》めたばかり」。体《からだ》に備《そな》わる自然治癒力《しぜんちゆりょく》を高《たか》めることによって「さらに長《なが》く、さらに快適《かいてき》に、ハッピーに生《い》きられる」と熱《ねつ》を込《こ》めて語《かた》られました。

博士《はかせ》ご自身《じしん》、九十三歳《さい》で逝去《せいきょ》される直前《ちょくぜん》まで、意欲満々《いよくまんまん》で仕《し》事《ごと》を続《つづ》けられました。二《ふた》つのノーベル賞《しょう》（化学賞《かがくしょう》、平和賞《へいわしょう》）を単独《たんどく》で受賞《じゅしょう》された史上《しじょう》ただ一人《ひとり》の方《かた》ですが、どんな到達点《とうたつてん》に至《いた》っても博士《はかせ》は立《た》ち止《ど》まりませんでした。

いつお会《あ》いしても、頬《ほお》は若者《わかもの》のごとく紅《あか》く、堂々《どうどう》たる長身《ちょうしん》をしゃんと伸《の》ばして、はずむように歩《ある》かれました。

「健康《けんこう》のためには、何時間《なんじかん》くらい寝《ね》ればいいのですか」と伺《うかが》うと、「七時間《じかん》から九時間《じかん》が理想《りそう》であることが、さまざまな研《けん》究《きゅう》で実証《じっしょう》されています。七時間《じかん》以下《いか》でも九時間以上《じかんいじょう》でも、体《からだ》にはよくありません」

そのほか、ビタミンの十分《じゅうぶん》な補給《ほきゅう》、糖分《とうぶん》・アルコールはほどほどに、水《みず》を十分《じゅうぶん》飲《の》む、タバコは吸《す》わない、などを健康《けんこう》の条件《じょうけん》に挙《あ》げられました。そして、「ストレスを避《さ》ける。好《す》きな仕事《しごと》をする。家族《かぞく》と楽《たの》しく過《す》ごす」――と付《つ》け加《くわ》えられました。

また、博士《はかせ》にとっては、生《い》きている限《かぎ》り「人間《にんげん》の苦悩《くのう》を小《ちい》さくする」ために働《はたら》きたい、との一点《いってん》で、健康《けんこう》の探求《たんきゅう》と平和《へいわ》の探《たん》求《きゅう》は一体《いったい》でした。「最大《さいだい》のストレス、それは戦争《せんそう》です」と。

ライナス・ポーリング　　写真：アフロ

初《はつ》の語《かた》らいの折《おり》（一九八七年二月《ねんがつ》）も、サンフランシスコから千キロ近《ちか》く離《はな》れた創価大学《そうかだいがく》ロサンゼルス分校《ぶんこう》（当時《とうじ》）まで来《き》てくださった。そのとき、博士《はかせ》は八十五歳《さい》でした。「平和《へいわ》について語《かた》り合《あ》える人《ひと》がいるなら、私《わたし》は、どこへでも飛《と》んでいく」。この情熱《じょうねつ》こそ博士《はかせ》の健康《けんこう》の源泉《げんせん》だと思《おも》いました。

「世界《せかい》には核兵器《かくへいき》や軍事力《ぐんじりょく》という悪《あく》の力《ちから》よりも、もっと偉大《いだい》な力《ちから》があります。それは人間《にんげん》の心《こころ》であり、精神力《せいしんりょく》です。私《わたし》は、人《ひと》の精神《せいしん》の力《ちから》を信《しん》じます」

人間《にんげん》の可能性《かのうせい》への、汲《く》めども尽《つ》きぬ巨大《きょだい》な希望《きぼう》をお持《も》ちでした。

私《わたし》がロサンゼルスのクレアモント・マッケナ大学《だいがく》で講演《こうえん》した際《さい》（一九九三年《ねん》一月《がつ》）も、博士《はかせ》は駆《か》けつけてくださり、講評《こうひょう》の挨拶《あいさつ》をしてくださいました。「仏法《ぶっぽう》で説《と》く菩薩《ぼさつ》の境涯《きょうがい》こそが、人類《じんるい》を幸福《こうふく》にします。悩《なや》める人《ひと》に真心《まごころ》を込《こ》めて手《て》を差《さ》し伸《の》べる行動《こうどう》こそ、今《いま》、世界《せかい》に必要《ひつよう》なものです」

同《おな》じ年《とし》の春《はる》、サンフランシスコでの四回目《かいめ》の語《かた》らいも、「今日《きょう》も三人《にん》の心臓病《しんぞうびょう》の患者《かんじゃ》さんに、私《わたし》の考《かんが》えた治療法《ちりょうほう》を勧《すす》めたところです」――そんな博士《はかせ》の〝菩薩行《ぼさつぎょう》〟の紹介《しょうかい》で始《はじ》まりました。博士《はかせ》が九十二歳《さい》の時《とき》でした。

対話《たいわ》を終《お》え、私《わたし》のアメリカの友人《ゆうじん》たちが博士《はかせ》を車《くるま》で送《おく》りました。到着《とうちゃく》したとき雨《あめ》で、先《さき》に降《お》りた女性《じょせい》が傘《かさ》をさしかけると、かえって高齢《こうれい》の博士《はかせ》のほうが、彼女《かのじょ》を濡《ぬ》れないようにかばわれたという。

ごく自然《しぜん》な優《やさ》しさ——「人間《にんげん》の苦痛《くつう》を小《ちい》さくする」原則《げんそく》が身《み》についておられるのです。博士《はかせ》の温《あたた》かいまなざしは、高度医療《こうどいりょう》社会《しゃかい》に生《い》きる私《わたし》たちに、真《しん》の「健康《けんこう》」のためには、まず自《みずか》らの生《い》き方《かた》を問《と》え、と教《おし》えているのではないでしょうか。

情《なさ》けは人《ひと》のためならず

諺《ことわざ》というものは、まことに要《よう》を得《え》て鋭《するど》い。

誰《だれ》かがつくりだしたものか、無数《むすう》の庶民《しょみん》たちの人生《じんせい》と生活《せいかつ》のなかから、一《ひと》つの心《こころ》のなかの集成的凝結《しゅうせいてきぎょうけつ》の、真実《しんじつ》の言葉《ことば》となったといえるかもしれません。

「情《なさ》けは人《ひと》のためならず」という諺《ことわざ》があります。

ある会社《かいしゃ》で、新入社員《しんにゅうしゃいん》にその意味《いみ》を尋《たず》ねてみたところ、十人《にん》のうち八人《にん》から「人《ひと》に親切《しんせつ》にしてやったところで仕方《しかた》がない。それより、自分《じぶん》のことを一生懸命《いっしょうけんめい》やったほうがいい」という答《こた》えが返《かえ》ってきたそうです。——ある雑誌《ざっし》にのっていたエピソードです。

私《わたし》が「うーん」と考《かんが》えこんでいると、ある婦人《ふじん》が「それならまだいいほうですよ。聞《き》くところによると〝他人《たにん》に情《なさ》けをかけてあげても、甘《あま》やかすだけで、その人《ひと》のためにならない〟といった若《わか》い人《ひと》がいたそうです」と付《つ》け加《くわ》えました。そこで、私《わたし》はまた「うーん」と腕《うで》を組《く》んでしまった。

前者《ぜんしゃ》の気弱《きよわ》で小心《しょうしん》なエゴイズム的《てき》な解釈《かいしゃく》と、後者《こうしゃ》の冷《つめ》たい誤解《ごかい》と、どちらもよいとはいえません。

いうまでもなく、この諺《ことわざ》は、人《ひと》に情《なさ》けをかけてあげれば、めぐりめぐって、かならず自分《じぶん》によい報《むく》いがあるという意味《いみ》です。『太平記《たいへいき》』や『曽我物語《そがものがたり》』、あるいは世阿弥《ぜあみ》の『葵上《あおいのうえ》』などにも出《で》てくるといいますから、古来《こらい》、人々《ひとびと》に親《した》しまれてきたものでしょう。

善意《ぜんい》や情《なさ》けは、ときに報《むく》いられないことがあるかもしれません。しかし、けっして失望《しつぼう》してはなりません。報《むく》いられようと報《むく》いられまいと、それを積《つ》み重《かさ》ねていけば、かならず福運《ふくうん》となってわが身《み》を飾《かざ》っていくものと、私《わたし》は信《しん》じているからです。

再生《さいせい》の充電期間《じゅうでんきかん》

仏法《ぶっぽう》では、死《し》を「方便現涅槃《ほうべんげんねはん》（方便《ほうべん》もて涅槃《ねはん》を現《げん》ず）」（法華経《ほけきょう》）と説《と》いています。永遠《えいえん》の生命《せいめい》を持《も》つ仏《ほとけ》は、衆生《しゅじょう》を救《すく》うための方便《ほうべん》（仏《ほとけ》が衆生《しゅじょう》を導《みちび》くために用《もち》いる巧《たく》みな手立《てだ》て）として、死《し》を現《げん》ずる、という意味《いみ》です。それでは、生命《せいめい》は永遠《えいえん》であると説《と》きながら、なぜ死《し》ぬのか――。

私《わたし》の恩師《おんし》の戸田先生《とだせんせい》は、死《し》をよく睡眠《すいみん》にたとえておられた。長《なが》く起《お》きていて疲《つか》れたら、眠《ねむ》る。ぐっすり眠《ねむ》って起《お》きれば、元《げん》気《き》が戻《もど》る。長《なが》く生《い》きていて疲《つか》れたら、死《し》ぬ。そして、元気《げんき》になって、新《あら》たな人生《じんせい》を始《はじ》められる。死《し》は、次《つぎ》の生《せい》のための充電期間《じゅうでんきかん》なのだ、と。

眠《ねむ》って目覚《めざ》めた自分《じぶん》が、昨日《きのう》の自分《じぶん》と別人《べつじん》ではないように、死《し》によっても、まったく別《べつ》の生命《せいめい》に生《う》まれ変《か》わるのではありません。過去世《かこせ》から今世《こんぜ》へ、また今世《こんぜ》から来世《らいせ》へ、過去《かこ》、現在《げんざい》、未来《みらい》と、生命自体《せいめいじたい》は三世《さんぜ》に連続《れんぞく》しています。

そして、生命《せいめい》に刻《きざ》まれた善悪《ぜんあく》の因果《いんが》も、そのまま三世永遠《さんぜえいえん》に続《つづ》きます。死《し》んで〝天国《てんごく》〟へ行《い》くのでもなく、〝地《ち》の底《そこ》〟へ行《い》くのでもありません。同《おな》じ自身《じしん》の生命《せいめい》の大地《だいち》の上《うえ》で、また「生《しょう》死《じ》」「生死《しょうじ》」と使命《しめい》のドラマを演《えん》じるのです。

戸田城聖　　写真：聖教新聞社

釈尊《しゃくそん》はこう説《と》きます。

「久《ひさ》しく旅《たび》に出《で》ていた人《ひと》が、遠方《えんぽう》から無事《ぶじ》に帰《かえ》って来《き》たならば、親戚《しんせき》、親友《しんゆう》、友人《ゆうじん》たちは、かれが帰《かえ》って来《き》たのを祝《いわ》う。

そのように、善《よ》いことをしてこの世《よ》からあの世《よ》に行《い》った人《ひと》を、善業《ぜんごう》が喜《よろこ》んで迎《むか》える。——愛《いと》しい親族《しんぞく》が帰《かえ》って来《き》たのを、喜《よろこ》び迎《むか》えるように。

それ故《ゆえ》に、来世《らいせ》のために功徳《くどく》を積《つ》め。功徳《くどく》は実《じつ》にあの世《よ》における人々《ひとびと》のよりどころであるからである」※

今《いま》の人生《じんせい》を、功徳《くどく》を積《つ》んで生《い》き抜《ぬ》く。そうすれば、今世《こんぜ》を旅立《たびだ》ち、来世《らいせ》に行《い》っても親族《しんぞく》、親《した》しい友人《ゆうじん》たちが、おめでとうと喜《よろこ》んで迎《むか》えるように、自分《じぶん》の生命《せいめい》の来世《らいせ》の軌道《きどう》がよいものに決《き》まるというのです。

自分《じぶん》がどう生《い》き、どういう「死《し》」を迎《むか》えるか。この「生死《しょうじ》」というものの解決《かいけつ》にこそ、仏《ほとけ》の教《おし》えの要《かなめ》があります。

※『ブッダの真理のことば 感興のことば』中村元訳、岩波書店

私《わたし》の英雄《えいゆう》は祖母《そぼ》

日本《にほん》は、世界《せかい》をリードする長寿国《ちょうじゅこく》です。

二〇一九年《ねん》、日本《にほん》の女性《じょせい》の平均寿命《へいきんじゅみょう》は過去最高《かこさいこう》を更新《こうしん》し、八七・四五歳《さい》で、世界第二位《せかいだいにい》です。

「高齢社会《こうれいしゃかい》」を「幸齢社会《こうれいしゃかい》」としゅく主役《しゅやく》が、女性《じょせい》であることは間違《まちが》いありません。

「老《お》い」は、誰人《たれびと》にも必《かなら》ず訪《おとず》れます。

医学的《いがくてき》に見《み》れば、体《からだ》の老化《ろうか》とは、二十五歳頃《さいごろ》から始《はじ》まって、長《なが》い歳月《さいげつ》をかけて進《すす》んでいくものだといいます。目《め》が見《み》えにくい、足腰《あしこし》が痛《いた》む等々《とうとう》、大《だい》なり小《しょう》なり、加齢《かれい》に伴《ともな》う身体《しんたい》の衰《おとろ》えは避《さ》けようがありません。それは、天然《てんねん》の道理《どうり》だからです。

ただ、「老《お》いる」ということは、その分《ぶん》、「生《い》き抜《ぬ》いてきた」ということです。それは、自《みずか》らの寿命《じゅみょう》を使《つか》って、家族《かぞく》のため、社会《しゃかい》のために、働《はたら》いてきた証《あかし》です。一生懸命《いっしょうけんめい》に、子《こ》どもたちを育《はぐく》み、地域《ちいき》に貢献《こうけん》してきた尊《とうと》い年輪《ねんりん》なのです。

私《わたし》の大切《たいせつ》な友人《ゆうじん》であるアルゼンチンの人権《じんけん》の闘士《とうし》エスキベル博士《はかせ》は、ノーベル賞受賞者《しょうじゅしょうしゃ》が集《あつ》まった国際会議《こくさいかいぎ》の席《せき》で、「あなたにとっての英雄《えいゆう》は？」という質問《しつもん》を受《う》けたことがあります。

他《た》の受賞者《じゅしょうしゃ》たちが次々《つぎつぎ》に歴史上《れきしじょう》の偉人《いじん》を挙《あ》げるなかで、エス

著者とエスキベル夫妻（1995年　東京）　写真：聖教新聞社

キベル博士《はかせ》は「私《わたし》の英雄《えいゆう》は祖母《そぼ》です」と答《こた》えました。会場《かいじょう》に笑《わら》いが起《お》こりました。

しかし、博士《はかせ》は真剣《しんけん》でした。三歳《さい》で母《はは》を亡《な》くした博士《はかせ》を育《そだ》て上《あ》げてくれた祖母《そぼ》です。太陽《たいよう》の光《ひかり》に慣《な》れ親《した》しんだ庶民《しょみん》の顔《かお》、過《か》酷《こく》な労働《ろうどう》を重《かさ》ねた力強《ちからづよ》い手《て》、まっすぐに正《ただ》しい信念《しんねん》を貫《つらぬ》き通《とお》してきた心《こころ》――無名《むめい》の祖母《そぼ》の一切《いっさい》が博士《はかせ》の誇《ほこ》りなのです。

一日《いちにち》を飾《かざ》る真《ま》っ赤《か》な夕焼《ゆうや》けは、余情《よじょう》も豊《ゆた》かに明日《あす》への希望《きぼう》を贈《おく》ってくれます。

同《おな》じように、次《つぎ》の世代《せだい》を照《て》らす、最《もっと》も人間《にんげん》らしい生命《せいめい》の美《うつく》しさが光《ひか》り出《だ》すのが、人生《じんせい》の総仕上《そうしあ》げのときです。その価値《かち》が、青春《せいしゅん》の旭日《きょくじつ》の輝《かがや》きとともに尊《とうと》ばれてこそ、真《しん》に「人間《にんげん》を大切《たいせつ》にする社会《しゃかい》」といえるでしょう。

新《あら》たな「生《せい》」への出発《しゅっぱつ》

東洋《とうよう》における生死観《しょうじかん》、なかんずく仏教《ぶっきょう》においては、過去世《かこせ》・現在世《げんざいせ》・未来世《みらいせ》の三世《さんぜ》の生命観《せいめいかん》を明確《めいかく》に説《と》いていることは、よくご存《ぞん》じの通《とお》りです。

人《ひと》は普段《ふだん》、死《し》の問題《もんだい》を深《ふか》く考《かんが》えることは、あまりないかもしれない。しかし、この厳粛《げんしゅく》なる現実《げんじつ》を直視《ちょくし》せずして、真実《しんじつ》の人生《じんせい》の生《い》き方《かた》も、確《たし》かな自身《じしん》の幸福観《こうふくかん》も築《きず》き得《え》ないわけです。

仏法《ぶっぽう》では、法華経《ほけきょう》の肝心《かんじん》たる南無妙法蓮華経《なんみょうほうれんげきょう》という生命《せいめい》の根源《こんげん》の法《ほう》に則《のっと》って信仰《しんこう》を貫《つらぬ》き、法《ほう》のため、人々《ひとびと》のため、社会《しゃかい》のために生《い》き抜《ぬ》いていくなかで、「生老病死《しょうろうびょうし》」の「四苦《しく》」を、「常楽《じょうらく》我浄《がじょう》」の「四徳《しとく》」へと転《てん》じていけることを、教《おし》えています。

この「四徳《しとく》」を簡潔《かんけつ》に言《い》えば、「常《じょう》」は、生命《せいめい》が永遠《えいえん》であると覚知《かくち》すること。「楽《らく》」は、苦難《くなん》に負《ま》けず、豊《ゆた》かな生命力《せいめいりょく》で人生《じんせい》を楽《たの》しみきれること。「我《が》」は、何《なに》ものにも壊《こわ》されない主体性《しゅたいせい》を確立《かくりつ》できること。「浄《じょう》」は、濁世《じょくせ》でも清《きよ》らかな生命活動《せいめいかつどう》を貫《つらぬ》いていけることです。つまり、崩《くず》れざる幸福境涯《こうふくきょうがい》です。

仏法《ぶっぽう》の仏法《ぶっぽう》たる所以《ゆえん》は、「生《せい》も歓喜《かんき》」「死《し》も歓喜《かんき》」という生死観《しょうじかん》を明《あ》かしていることです。この仏法《ぶっぽう》の生命哲学《せいめいてつがく》について、私《わたし》はハーバード大学《だいがく》での「二十一世紀文明《せいきぶんめい》と大乗仏教《だいじょうぶっきょう》」と題《だい》した

アメリカ・ハーバード大学で講演する著者（1993年） 写真：聖教新聞社

講演《こうえん》のなかで紹介《しょうかい》したことがあります。

「生《せい》も歓喜《かんき》」――自身《じしん》の生命《せいめい》を最高《さいこう》に輝《かがや》かせ、善《よ》き充実《じゅうじつ》した人生《じんせい》を生《い》ききった人《ひと》にとっては、「死《し》も歓喜《かんき》」――次《つぎ》の生《せい》に向《む》かっての朗《ほが》らかな新《あら》たな出発《しゅっぱつ》となる。こうした死《し》に臨《のぞ》んで恐《おそ》れないという不動《ふどう》の確信《かくしん》を持《も》つことは、なんと偉大《いだい》な人生《じんせい》でしょうか。私《わたし》たちの信仰《しんこう》の真髄《しんずい》も、そこにあるといえます。

ロシアの文豪《ぶんごう》・トルストイは、仏教《ぶっきょう》の生死観《しょうじかん》も学《まな》び、思索《しさく》を深《ふか》め、永遠《えいえん》の生命観《せいめいかん》に迫《せま》っていきました。

トルストイは、こう綴《つづ》り残《のこ》しています。

「生《い》きることが喜《よろこ》ばしく、死《し》ぬことも喜《よろこ》ばしい」※

「人生《じんせい》は、幸福《こうふく》として、歓喜《かんき》として以外《いがい》の目的《もくてき》を有《ゆう》し得《え》ない」※※

「死《し》は、新《あら》たなる、知《し》り得《え》ざる、全然新《ぜんぜんあたら》しい、他の、大《だい》なる歓喜《かんき》への移転《いてん》である」※※

まさに、善《よ》き人生《じんせい》を求《もと》め抜《ぬ》いた先《さき》に開《ひら》ける境涯《きょうがい》には、仏法《ぶっぽう》に通《つう》じる生死観《しょうじかん》があるように思《おも》います。

※『トルストイ全集』第二十一巻、除村吉太郎訳、岩波書店
※※『トルストイ全集』第十八巻、深見尚行訳、岩波書店

牛飼《うしか》いの男《おとこ》の恐怖《きょうふ》

これは、ある仏典《ぶってん》に出《で》てくるエピソードです。

――釈尊《しゃくそん》がガンジス河《がわ》のほとりで説法《せっぽう》していたときのことです。話《はなし》を聴《き》いていた一人《ひとり》の牛飼《うしか》いの男《おとこ》（名《な》は歓喜《かんき》）が、手《て》を合《あ》わせて弟子《でし》入《い》りを懇願《こんがん》しました。

釈尊《しゃくそん》は、まず牛《うし》を主人《しゅじん》のところへ返《かえ》してくるよう命《めい》じました。

「彼《かれ》は道《みち》すがら、大《おお》きな声《こえ》をあげて、

『こわいよう、こわいよう』と叫《さけ》びながら駆《か》け出《だ》した。

彼《かれ》には仲間《なかま》の牛飼《うしか》いの男《おとこ》が百人《にん》あったが、このありさまをみて、口々《くちぐち》に問《と》うた。

『何《なに》がそんなに恐《おそ》ろしいのだ』

すると歓喜《かんき》は、『生《い》きているのが恐《おそ》ろしいのだ。老《お》いて行《い》くのが恐《おそ》ろしいのだ。病気《びょうき》になるのが恐《おそ》ろしいのだ。死《し》んで行《い》くのが恐《おそ》ろしいのだ』と答《こた》えた。

牛飼《うしか》いの男《おとこ》たちはこれを聞《き》いて、歓喜《かんき》の後《あと》から『こわい、こわい』と叫《さけ》びながら駆《か》け出《だ》した。

かくて他の牛飼《うしか》いの男《おとこ》も、羊飼《ひつじか》いの男《おとこ》も、草刈《くさか》りの男《おとこ》も、柴《しば》刈《か》りの男《おとこ》も、路傍《ろぼう》の男《おとこ》もそれにつづいて駆《か》け出《だ》した※」

他愛《たあい》のない話《はなし》のようですが、この牛飼《うしか》いの男《おとこ》や彼《かれ》に雷同《らいどう》する男《おとこ》たちの愚《おろ》かさを笑《わら》える現代人《げんだいじん》は少《すく》ないのではないでしょうか。

たしかに、死《し》や病《やまい》を恐《おそ》れるのは人間《にんげん》の自然《しぜん》の情《じょう》だと思《おも》います。だから健康《けんこう》に留意《りゅうい》する。無病息災《むびょうそくさい》ということは、充実《じゅうじつ》した人生《じんせい》を送《おく》るための大切《たいせつ》な要件《ようけん》でしょう。

私自身《わたしじしん》、若《わか》いころに胸《むね》を病《や》み、青春時代《せいしゅんじだい》は否応《いやおう》なく死《し》と向《む》かい合《あ》わせに生《い》きました。であるからこそ、私《わたし》には、健康《けんこう》の尊《とうと》さが骨身《ほねみ》にしみています。

とともに、無病《むびょう》というだけでは、それが、半面《はんめん》の事実《じじつ》にすぎないことも忘《わす》れてはなりません。事《こと》なかれ主義《しゅぎ》が真実《しんじつ》の人生《じんせい》の充実《じゅうじつ》をもたらしはしないのです。

意義《いぎ》ある一生《いっしょう》とは、生涯《しょうがい》をかけて悔《く》いない、ある意味《いみ》で自《みずか》らが死《し》んでもなお生《い》きつづける理想《りそう》や目的《もくてき》があって、初《はじ》めて可能《かのう》となります。

仏法《ぶっぽう》では生死不二《しょうじふに》と説《と》いています。そうした生《い》き方《かた》は、仏典《ぶってん》に「一生《いっしょう》はゆめ《夢》の上《うえ》・明日《あす》をごせ《期》ず」※※とあるように、現在《げんざい》の一《いっ》瞬一瞬《しゅんいっしゅん》を最高度《さいこうど》に充実《じゅうじつ》させゆく日々《ひび》のなかにのみ築《きず》かれていくと、私《わたし》は信《しん》じています。

※野村耀昌編『仏教説話百選』学習研究社

※※『日蓮大聖人御書全集』創価学会

黄金《おうごん》に輝《かがや》く

白寿《はくじゅ》の友《とも》へ

荘厳《そうごん》なる人生《じんせい》

冬《ふゆ》の寒《さむ》さと、夏《なつ》の暑《あつ》さを
越《こ》えるからこそ、紅葉《こうよう》は美《うつく》しい。
人生《じんせい》も同《おな》じく、
戦《たたか》いきった悔《く》いのない人生《じんせい》は
荘厳《そうごん》です。

蝸牛《かたつむり》の歩《あゆ》み

百二歳《さい》の高齢《こうれい》で亡《な》くなった彫刻家《ちょうこくか》の北村西望氏《きたむらせいぼうし》が、有名《ゆうめい》な長崎《ながさき》の「平和祈念像《へいわきねんぞう》」を制作《せいさく》したときのことです。ある晩《ばん》、像《ぞう》の足元《あしもと》にいたカタツムリが、翌朝《よくあさ》見《み》ると、何《なん》と九メートルもある像《ぞう》のてっぺんにのぼっていました。

北村氏《きたむらし》は、小《ちい》さな生《い》き物《もの》の懸命《けんめい》な姿《すがた》に感動《かんどう》し、ああ、少《すこ》しずつでも進《すす》むことは素晴《すば》らしい。人間《にんげん》もまた同《おな》じだ、と感《かん》じて、

「たゆまざる　歩《あゆ》みおそろし　蝸牛《かたつむり》」と句《く》に詠《よ》んだ。

北村氏《きたむらし》は、この句《く》について、一九八二年《ねん》十二月《がつ》、数《かぞ》え年《どし》百歳《さい》

平和祈念像（長崎市）　写真：アフロ

を迎《むか》えることになったとき、次《つぎ》のように書《か》いています。

「私《わたし》はこの言葉《ことば》が大好《だいす》きである。いつの間《ま》にか百歳《さい》になったが自分《じぶん》の足跡《そくせき》のように思《おも》えてならない。百歳《さい》と一口《ひとくち》に言《い》えば簡単《かんたん》だが、自分《じぶん》の前半生《ぜんはんせい》はそれこそ苦節《くせつ》の幾星霜《いくせいそう》だった――しかし今想《いまおも》えばすべてがなつかしい思《おも》い出《で》ばかりである」※

氏《し》にお目《め》にかかったのは、翌年《よくとし》の秋《あき》でした。

この蝸牛《かたつむり》の句《く》は、一時《いちじ》の感動《かんどう》を詠《よ》んだものではなく、来《こ》し方《かた》を振《ふり》り返《かえ》った氏自身《しじしん》の感慨《かんがい》と満足感《まんぞくかん》と人生観《じんせいかん》そのものではないでしょうか。

たしかに、その人生《じんせい》は、ある意味《いみ》でカタツムリの歩《あゆ》みのようなものであったともいえます。氏《し》は「若《わか》いころ、私《わたし》は朝倉文夫《あさくらふみお》、建畠大夢《たてはたたいむ》という二人《ふたり》のすばらしい友人《ゆうじん》にめぐまれた。二人《ふたり》とも彫刻《ちょうこく》の天才《てんさい》だった。私《わたし》は二人《ふたり》にかなわなかった。二人《ふたり》のあとをついて行《い》くのがやっとであり、いやでも私《わたし》は勉強《べんきょう》せざるを得《え》なかった」と『私《わたし》の履歴書《りれきしょ》』(日本経済新聞社《にほんけいざいしんぶんしゃ》)で述《の》べています。

淡々《たんたん》と述《の》べているその言葉《ことば》の背後《はいご》に、挫折《ざせつ》や落胆《らくたん》や苦渋《くじゅう》を一歩一歩《いっぽいっぽ》、押《お》し返《かえ》していく巨大《きょだい》な精神《せいしん》の重厚《じゅうこう》さが感《かん》じられてなりません。

この話《はなし》は、努力《どりょく》し続《つづ》けることがいかに大切《たいせつ》かを教《おし》えています。

北村西望　　写真：読売新聞社／アフロ

いかなる分野《ぶんや》であれ、一事《いちじ》に精通《せいつう》し、また、社会《しゃかい》の一隅《いちぐう》を照《て》らしゆく何《なん》らかの貢献《こうけん》を果《は》たす人《ひと》は、共通《きょうつう》した道《みち》を歩《あゆ》んでいます。それは、絶《た》えざる精進《しょうじん》を忘《わす》れない「努力《どりょく》の道《みち》」です。それなくして、魂《たましい》の結晶《けっしょう》としての人生《じんせい》の成就《じょうじゅ》はありません。

「努力《どりょく》」を続《つづ》けることは、けっして楽《らく》ではありません。しかし、「努力《どりょく》」した人《ひと》には「勝利《しょうり》」が待《ま》っています。その意味《いみ》で「努力《どりょく》」はウソをつかない、正直《しょうじき》である——ともいえましょう。

※『北村西望百寿の譜』新三多摩新聞社

貧女《ひんにょ》の一灯《いっとう》

インドの釈尊《しゃくそん》の時代《じだい》、マガダ国《こく》という国《くに》がありました。その中心《ちゅうしん》の、国王《こくおう》がいたところが王舎城《おうしゃじょう》です。その城《しろ》のそばに、一人《ひとり》の老母《ろうぼ》が暮《く》らしていました。信仰《しんこう》の心厚《こころあつ》く、困窮《こんきゅう》の生活《せいかつ》のなかにあって、釈尊《しゃくそん》に何《なに》かご供養《くよう》しようと、日々《ひび》心《こころ》に念《ねん》じていました。しかし、孤独《こどく》で貧《まず》しい生活《せいかつ》では、思《おも》うにまかせませんでした。

あるとき老母《ろうぼ》は、道《みち》で大量《たいりょう》の麻《あさ》の油《あぶら》を積《つ》んだ車《くるま》の列《れつ》に出合《であ》います。聞《き》くと、国王《こくおう》の阿闍世《あじゃせ》が、釈尊《しゃくそん》に供養《くよう》するためのものだといいます。感動《かんどう》したその老母《ろうぼ》は、自分《じぶん》もそうしようと思《おも》いますが、お金《かね》がありません。やむなく、自《みずか》らの髪《かみ》を切《き》り落《お》として売《う》り（一説《いっせつ》には道《みち》を行《い》く人々《ひとびと》から恵《めぐ》んでもらった少々《しょうしょう》の貯《たくわ》え、ともある）、そのお金《かね》で、わずかの麻油《あさあぶら》を手《て》に入《い》れ、釈尊《しゃくそん》に供《く》養《よう》するのです。

「こんなわずかな油《あぶら》では半夜《はんや》しか燃《も》えまい。しかし、もし仏《ほとけ》がわたしの信心《しんじん》をお認《みと》めくださり、哀《あわ》れんでくださるなら、この灯火《とうか》は夜通《よどお》し燃《も》えるであろう」※と念《ねん》じました。

その願《ねが》いどおり、貧《まず》しき老母《ろうぼ》の一灯《いっとう》は、一晩中《ひとばんじゅう》、しかも、須《しゅ》弥山《みせん》おろしの強風《きょうふう》で、ほかのすべての火《ひ》が消《き》えてしまったにもかかわらず、燃《も》え続《つづ》けました。夜《よ》が明《あ》けました。人々《ひとびと》が火《ひ》を消《け》そうとしましたが、ますます燃《も》え光《ひか》り、全世界《ぜんせかい》を照《て》らし尽《つ》くさんばかりの勢《いきお》いです。消火《しょうか》に万策《ばんさく》を尽《つ》くそうとする門下《もんか》たちに、釈尊《しゃくそん》はこう言《い》いました。

「止《や》めよ、止《や》めよ、この老母《ろうぼ》は過去《かこ》に百八十億《おく》の仏《ほとけ》を供養《くよう》して、前仏《ぜんぶつ》から成仏《じょうぶつ》の予言《よげん》を受《う》けているのである」※と。そして、老母《ろうぼ》は未来《みらい》には必《かなら》ず須弥灯光如来《しゅみとうこうにょらい》という仏《ほとけ》になるであろう、と宣言《せんげん》しました。それを聞《き》いた老母《ろうぼ》が歓喜《かんき》したことは、いうまでもありません。逆《ぎゃく》に、彼女《かのじょ》に数万倍《すうまんばい》する油《あぶら》を供養《くよう》した阿闍世王《あじゃせおう》は、内《うち》に自負《じふ》の邪心《じゃしん》があったゆえに、成仏《じょうぶつ》の予言《よげん》を受《う》けることができなかったということです。

これは一《ひと》つの説話《せつわ》です。しかし私《わたし》は、そこに一《ひと》つの哲学《てつがく》ともいえる示唆《しさ》が含《ふく》まれていると思《おも》います。〝貧女《ひんにょ》の一灯《いっとう》〟の教《おし》えるものは、何《なに》にもまして、人間《にんげん》が人間《にんげん》として持《も》つべき真心《まごころ》の貴《とうと》き証《あか》しだからです。たしかに、それは目《め》に見《み》えません。わずかばかりの油《あぶら》に託《たく》した老婦人《ろうふじん》の微志《びし》に、世事《せじ》に忙《いそが》しい人々《ひとびと》は、一顧《いっこ》だにしなかったかもしれません。

だが、さすがに釈尊《しゃくそん》は達眼《たつがん》の人《ひと》でした。水《みず》も切《き》れない、空気《くうき》も切《き》れない。同様《どうよう》に、人《ひと》と人《ひと》との心《こころ》の奥《おく》に通《かよ》い合《あ》う真心《まごころ》も、けっして切《き》り離《はな》せるものではありません。それどころか、試練《しれん》の風《ふう》波《は》の逆巻《さかま》くなかで、一切《いっさい》が衰滅《すいめつ》してしまったとしても、なおかつ、偉大《いだい》なる心《こころ》というものは、ますます不壊《ふえ》の輝《かがや》きを増《ま》していくに違《ちが》いありません。

私《わたし》は、老母《ろうぼ》の供養《くよう》した油《あぶら》がともす一灯《いっとう》に、釈尊《しゃくそん》が、永遠《えいえん》に消《き》えることのない、生命《いのち》の火《ひ》を見《み》ていたように、思《おも》えてなりません。

大切《たいせつ》なのは、「物《もの》」ではなく「心《こころ》」です。

阿闍世王《あじゃせおう》という、最大《さいだい》の権力者《けんりょくしゃ》である国王《こくおう》の献《けん》じた百石《ひゃっこく》の油《あぶら》よりも、〝貧女《ひんにょ》の一灯《いっとう》〟が勝《か》ったのです。そこには、名《な》もない一老婦人《いちろうふじん》の、全生命《ぜんせいめい》を賭《か》けた思《おも》いが込《こ》められていたからです。

物《もの》を愛《あい》する心《こころ》、物《もの》を大切《たいせつ》にする心《こころ》――。それあるがゆえに、わずかな物《もの》でも、千鈞《せんきん》の重《おも》みをもって、人々《ひとびと》の心《こころ》を、深《ふか》く強《つよ》く打《う》つのでしょう。

※野村燿昌編『仏教説話百選』学習研究社

希《き》望《ぼう》は人生《じんせい》の宝《たから》なり

希望《きぼう》は
人生《じんせい》の宝《たから》なり。

常《つね》に
希望《きぼう》を持《も》てる人《ひと》は
幸《さいわ》いなり。

どんな財宝《ざいほう》を持《も》ち
どんな権勢《けんせい》を持《も》ち

どんな名声《めいせい》を持《も》とうとも
希望《きぼう》を見失《みうしな》った人生《じんせい》は
早々《そうそう》と挫折《ざせつ》していくに
違《ちが》いない。

希望《きぼう》は
人生《じんせい》を励《はげ》ます宝石《ほうせき》である。
希望《きぼう》のある限《かぎ》り
人間《にんげん》には行《い》き詰《づ》まりがない。

そこには
常《つね》に勝利《しょうり》が待《ま》ち
喜《よろこ》びの笑顔《えがお》が広《ひろ》がっている。
私《わたし》と妻《つま》の忘《わす》れ得《え》ぬ友《とも》である
気高《けだか》きアフリカの環境《かんきょう》の母《はは》
マータイ博士《はかせ》は語《かた》った。

「希望《きぼう》は花《はな》のようである。
どんな状況《じょうきょう》においても
誰《だれ》が見《み》ていようがいまいが
花《はな》は精一杯《せいいっぱい》、咲《さ》き誇《ほこ》る。
人間《にんげん》もまた同《おな》じである」と。

希望《きぼう》は
努力《どりょく》と忍耐《にんたい》に咲《さ》く花《はな》である。

希望《きぼう》に
生《い》き抜《ぬ》く人《ひと》には
堕落《だらく》がない。
惰性《だせい》がない。

悩《なや》める友《とも》に
希望《きぼう》を贈《おく》りゆく
貢献《こうけん》の日々《ひび》には
成長《せいちょう》がある。

充実《じゅうじつ》がある。
向学《こうがく》がある。
創造《そうぞう》がある。
連帯《れんたい》がある。

希望《きぼう》は何《なに》ものにも負《ま》けない
不屈《ふくつ》の旗《はた》である。
人生《じんせい》は戦《たたか》いだ。

来《く》る年《とし》また来《く》る年《とし》を
どのように強《つよ》く朗《ほが》らかに
生《い》き抜《ぬ》くかである。
ああ
希《き》望《ぼう》！　希《き》望《ぼう》！　希《き》望《ぼう》！
希《き》望《ぼう》は人生《じんせい》の宝《たから》なり。
新《あたら》しき一年《ねん》も

新《あたら》しき一日《にち》も
我《われ》らは
元初《がんじょ》の太陽《たいよう》を胸《むね》に
明《あか》るい希望《きぼう》に燃《も》えて
出発《しゅっぱつ》する！

いかに深《ふか》き乱世《らんせい》の混迷《こんめい》も
決然《けつぜん》と打《う》ち破《やぶ》って
みずから希望《きぼう》を創《つく》りゆくのだ！

いかなる
艱難辛苦《かんなんしんく》があろうとも
金色《こんじき》に輝《かがや》く希望《きぼう》の光《ひかり》を
断《だん》じて忘《わす》るるな！

（「聖教新聞」二〇一二年一月四日付「希望は人生の宝なり」から抜粋）

池田大作（いけだ・だいさく）

1928年、東京生まれ。創価学会名誉会長、創価学会インタナショナル（SGI）会長。創価大学、アメリカ創価大学、創価学園、民主音楽協会、東京富士美術館、東洋哲学研究所などを創立。著書に『人間革命』（全12巻）、『新・人間革命』（全30巻）、『私の世界交友録』など。対談集に『二十一世紀への対話』（アーノルド・トインビー）、『二十世紀の精神の教訓』（ミハイル・ゴルバチョフ）など多数。

多宝抄《たほうしょう》 文庫改訂版

2021年1月26日　初版1刷発行
2021年2月20日　第3刷発行

著　者　池田大作
発行者　米澤仁次
発行所　株式会社　光文社
〒112-8011　東京都文京区音羽1-16-6
https://www.kobunsha.com/
電　話　事業開発室　03(5395)8129
書籍販売部　03(5395)8116
業　務　部　03(5395)8125

落丁本・乱丁本は業務部にご連絡くだされば、お取替えいたします。

装　幀　田中久美子
印刷所　凸版印刷株式会社
製本所　ナショナル製本

ISBN978-4-334-95221-1